定期テスト
超直前でも
平均+10点
ワーク

中学地理

文英堂

はじめに

部活や行事で忙しい！

中学校生活は，部活動で帰宅時間が遅くなったり，土日に活動があったりと，まとまった勉強時間を確保するのが難しいことがあります。

テスト範囲が広い！

また，定期テストは「中間」「期末」など時期にあわせてまとめて行われるため範囲が広く，さらに，一度に5教科や9教科のテストがあるため，勉強する内容が多いのも特徴です。

だけど…

日頃の学習が，今後の土台になる！

日頃の学習の積み上げや理解度が，中学さらには高校での学習内容の土台となります。

高校入試にも影響する！

中3だけではなく，中1・中2の成績が内申点として高校入試に影響する都道府県も多いです。

忙しくてやることも多いし…，
時間がない！

テスト直前になってしまったら
何をすればいいの！？

テスト直前でも，
重要ポイント&超定番問題だけを
のせたこの本なら，
爆速で得点アップできる！

本書の特長と使い方

この本は，**とにかく時間がない中学生**のための，
定期テスト対策のワークです。

1. ☑**基本をチェック** でまずは基本をおさえよう！

テストに出やすい基本的な**重要用語を穴埋(あなう)め**にしています。
空欄(くうらん)を埋めて，大事なポイントを確認しましょう。

2. 10点アップ！↗ の超定番問題で得点アップ！

超定番の頻出(ひんしゅつ)問題を，**テストで問われやすい形式**でのせています。
わからない問題はヒントを読んで解いてみましょう。

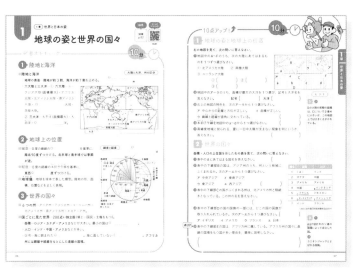

答え合わせ はスマホでさくっと！

その場で簡単に，赤字解答入り誌面が見られます。(くわしくはp.04へ)

ふろく 重要用語のまとめ

巻末に中学地理の重要用語をまとめました。
学年末テストなど，1年間のおさらいがさくっとできます。

"さくっとマルつけ" システムについて

● 本文のタイトル横の**QR**コードを，お手持ちのスマートフォンやタブレットで読み取ると，そのページの解答が印字された状態の誌面が画面上に表示されます。別冊の「解答と解説」を確認しなくても，その場ですばやくマルつけができます。

＼ QRコードはここ！

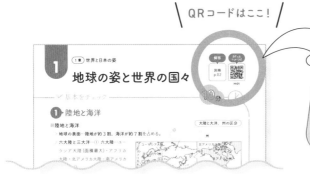

くわしい解説は，
別冊 解答と解説　を確認！

● まちがえた問題は，[解説]をしっかり読んで確認しておきましょう。

● ⚠ミス注意！ も合わせて読んでおくと，テストでのミス防止につながります。

● 「さくっとマルつけシステム」は無料でご利用いただけますが，通信料金はお客様のご負担となります。● すべての機器での動作を保証するものではありません。● やむを得ずサービス内容に変更が生じる場合があります。● QRコードは㈱デンソーウェーブの登録商標です。

もくじ

地球の姿と世界の国々

解答
別冊
p.02

さくっと
マルつけ

H-01

☑ 基本をチェック

10分

1 陸地と海洋

■陸地と海洋

> 地球の表面…陸地が約3割，海洋が約7割を占める。

> 六大陸と三大洋…① 六大陸…ユーラシア大陸（面積最大）・アフリカ大陸・北アメリカ大陸・南アメリカ大陸・❸＿＿＿＿＿＿大陸・南極大陸。

② 三大洋…太平洋（面積最大）・大西洋・❹＿＿＿＿＿洋。

大陸と大洋，州の区分

2 地球上の位置

■緯度…0度の緯線の❻＿＿＿＿＿を基準に，南北90度ずつ分ける。北半球と南半球では季節が逆。

■経度…0度の経線の本初子午線を基準に，東西❼＿＿＿＿度ずつ分ける。

■地球儀…地球を球体で表した模型。陸地の形，面積，位置などを正しく表現。

緯度と経度

3 世界の国々

■6つの州…アジア州・アフリカ州・ヨーロッパ州・北アメリカ州・南アメリカ州・オセアニア州。

■国ごとに見た世界…200近い独立国（領土・国民・主権をもつ）。

> 面積…ロシア・カナダ・アメリカなどが大きい。最小の国は❽＿＿＿＿＿。

> 人口…インド・中国・アメリカなどが多い。

> 国境…海に囲まれた❾＿＿＿＿＿。海に面していない❿＿＿＿＿。アフリカ州には緯線や経線をもとにした直線の国境。

10点アップ！ 🎯 10分 🕐

1 地球の姿と地球上の位置

右の地図を見て，次の問いに答えなさい。

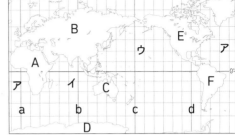

❶ 地図中のA～Fのうち，次の大陸にあてはまるものを1つずつ選びなさい。

① 北アメリカ大陸　　② 南極大陸

③ ユーラシア大陸

　　①（　　　　　）②（　　　　　）

　　③（　　　　　）

❷ 地図中のア～ウのうち，面積が最大の大洋を1つ選び，記号と大洋名を答えなさい。　　記号（　　　　　）大洋（　　　　　）

❸ 右上の地図の特色を，次のア～ウから1つ選びなさい。

　ア 中心からの距離と方位が正しい。　　イ 面積が正しい。

　ウ 緯線と経線が直角に交わっている。　　（　　　　　）

❹ 本初子午線を地図中のa～dから1つ選びなさい。　　（　　　　　）

❺ 高緯度地域に見られる，夏に一日中太陽が沈まない現象を何というか，答えなさい。　　（　　　　　）

ヒント

1 - ❸

Dの大陸の実際の面積は，Cについで2番めに小さいが，この地図上では大きくえがかれている。

2 世界の国々

面積・人口の上位国を示した右の表を見て，次の問いに答えなさい。

❶ 表中のAにあてはまる国名を答えなさい。　　（　　　　　）

❷ 表中の下線部Bの国は，アジア州のうち，何という地域にふくまれるか。次のア～エから1つ選びなさい。

　ア 中央アジア　　イ 東南アジア

　ウ 東アジア　　　エ 西アジア　　　（　　　　　）

❸ 表中の下線部Cの国がふくまれる州は，北アメリカ州と陸続きとなっている。この州の名を答えなさい。

　　　　　　　　　　　　　　（　　　　　）

❹ 表中の下線部Dの国の国旗の一部には，どこの国の国旗が取り入れられているか。次のア～エから1つ選びなさい。（　　　　　）

　ア イギリス　　イ アメリカ　　ウ フランス　　エ 日本

点UP ❺ 表中の下線部Eの国は，アフリカ州に属している。アフリカ州の国々に直線の国境をもつ国が多い理由を，簡単に説明しなさい。

（

順位	面積	人口
1	（ A ）	インド
2	カナダ	中国
3	アメリカ	アメリカ
4	中国	B インドネシア
5	C ブラジル	パキスタン
6	D オーストラリア	E ナイジェリア
7	インド	ブラジル

(2023/24年版『世界国勢図会』ほか)

2 - ❶

Aは1991年のソ連の崩壊によって成立した国。

❹

ユニオンジャックとよばれる国旗。

日本の姿

解答 別冊 p.02

さくっとマルつけ

H-02

☑ 基本をチェック

10分

1 日本の位置と範囲

■ **日本の位置**

> ユーラシア大陸の東，**太平洋の北西**に位置する**島国**（海洋国）。**東経122〜154度，北緯20〜46度**の範囲。

■ **世界の国々との時差**

> 時差…ロンドンを通る❸＿＿＿＿＿＿＿＿が標準時の基準。東へ行くと経度❹＿＿＿＿＿度につき1時間進み，西へ行くと1時間遅れる。

> ❺＿＿＿＿＿＿＿＿…東へこえるときは日付を1日遅らせ，西へこえるときは1日進める。

■ **日本の領域**…領域とは国の主権がおよぶ範囲。領土・領海・❻＿＿＿＿＿＿。

> ❼＿＿＿＿＿＿＿＿…海岸線から200海里までの海のうち，領海を除く部分。この海域の**水産資源や鉱産資源は沿岸国のみが利用**。

■ **日本固有の領土をめぐる問題**…北方領土（対ロシア），竹島（対韓国）。

日本の領域

□ 日本の領海
□ 日本の排他的経済水域

❶ 国土の北端
北朝鮮
韓国
中国
明石市
❷ 国土の南端
（台湾）
国土の西端 与那国島
フィリピン
樺太
千島列島
日本 東京
伊豆諸島
小笠原諸島
南西諸島
国土の東端 南鳥島

0 500km

2 都道府県と地域区分

■ **都道府県**…47の都道府県。県名と異なる名前の県庁所在地がある。

■ **7地方区分**…九州，中国・四国，近畿，中部，関東，東北，北海道。

■ **細かく分けた地方**…山陰＋瀬戸内＋南四国＝中国・四国地方。北陸＋中央高地＋❿＿＿＿＿＿＝中部地方。

■ **生活・文化による地域区分**…料理・方言などにより区分。

都道府県・地域区分

北海道地方
北海道
札幌

❽＿＿＿＿＿＿
地方
中部地方
石川県
福井県 岐阜県
富山県
金沢市

青森
青森県
秋田県
秋田
岩手県
盛岡
宮城県
仙台
山形県
山形
東北地方
福島県

鳥取県
岡山県
島根県
鳥取
松江
群馬県
新潟県
新潟
長野県
長野
前橋
栃木県
宇都宮
水戸
茨城県
埼玉県
東京都

福岡県
佐賀県
山口県 広島県
山口 岡山
広島
京都府 兵庫
福井
京都
大阪
滋賀県 山梨県
三重県
甲府
静岡県
静岡
愛知県
名古屋
神奈川県
横浜
千葉
❾＿＿＿＿＿＿
地方

長崎県
熊本県
鹿児島県
宮崎県
大分県
愛媛県
高知県
徳島県
香川県
大阪府
奈良県
和歌山県

鹿児島県

九州地方
近畿地方
沖縄県
那覇

10点アップ！ 🔺　10分 🕐

1 日本の位置と範囲

右の地図を見て，次の問いに答えなさい。

❶ 日本の領域のうち，□の陸地の部分，▨の海の部分をそれぞれ何というか，答えなさい。

陸地（　　　　　　　　）

海（　　　　　　　　）

❷ 地図中のア〜エは，日本の東西南北の端の島を示している。沖ノ鳥島を示しているものを，このなかから1つ選びなさい。　（　　　　　　　　）

❸ 地図中の□は，日本の排他的経済水域である。この水域は，海岸線から何海里の範囲（領海を除く）に設定されているか。　（　　　　　　　　）

❹ この地図にえがかれた地域は，ヨーロッパから見て東の果てという意味で何とよばれるか，答えなさい。　（　　　　　　　　）

点UP ❺ 地図中の中国は，東経120度の経線を標準時子午線としている。日本が2月4日午後11時のときの，中国の日時を答えなさい。

（　　　　　　　　　　　　）

❻ 地図中の韓国が占拠している日本固有の領土を，次のア〜エから1つ選びなさい。　（　　　　　　　　）

ア 択捉島　　イ 尖閣諸島　　ウ 竹島　　エ 小笠原諸島

ヒント

1 ❷
日本の南端にあたる島。海面下にしずまないよう，護岸工事がほどこされている。

❺
日本より西にある国は，時刻が遅れている。

2 都道府県と地域区分

右の地図を見て，次の問いに答えなさい。

❶ 地図中のA〜Dの地方名を答えなさい。

A（　　　　　　　　）　B（　　　　　　　　）

C（　　　　　　　　）　D（　　　　　　　　）

❷ 1つの地方がさらに北陸・中央高地・東海に区分される地方を，地図中のA〜Dから1つ選びなさい。

（　　　　　　　　）

❸ ●で示した都市のうち，名前に「岡」がつく都市と，「沢」がつく都市の名をそれぞれ答えなさい。

岡（　　　　　　　　）　沢（　　　　　　　　）

2 ❷
南北の広がりが大きい地方である。

世界各地の人々の生活

☑ 基本をチェック

10分

❶ 寒帯，冷帯（亜寒帯）で暮らす人々

▦ **氷雪気候**…1年中雪と氷におおわれる。

▦ **ツンドラ気候**…短い夏に凍った地面がとけて，こけや草が生える。

> カナダ北部の先住民の**イヌイット**…❷＿＿＿＿＿（トナカイ）の狩り。

▦ **冷帯（亜寒帯）**…冬の寒さは厳しいが，夏には気温が上がる。❸＿＿＿＿＿（針葉樹林帯）。**高床**の家屋。

世界の気候区

☐ 熱帯雨林気候
☐ サバナ気候
☐ ステップ気候
☐ 砂漠気候
▨ 地中海性気候
☐ 温暖湿潤気候
☐ 西岸海洋性気候
☐ 冷帯（亜寒帯）気候
▨ ツンドラ気候
☐ 氷雪気候
❶

☐ 高山気候…アンデス山脈の高地では＿＿＿＿＿＿やアルパカを放牧

（2008年版『ディルケ世界地図』ほか）

❷ 乾燥帯で暮らす人々

▦ **ステップ気候**…わずかに雨が降り，短い草が生える。遊牧民の**ゲル**という住居（モンゴル）。

▦ **砂漠気候**…ほとんど植物が生えず，砂漠や岩石が広がる。わき水のある❹＿＿＿＿＿＿＿。

❸ 温帯で暮らす人々

▦ **温暖湿潤気候**…1年を通して降水量が多い。　▦ **西岸海洋性気候**…高緯度でも冬の気温が比較的高い。　▦❺＿＿＿＿＿＿気候…夏に乾燥し，冬に降水量が多い。

❹ 熱帯で暮らす人々

▦ **サバナ気候**…**雨季**と**乾季**に分かれ，まばらな樹木と草原が広がる。

▦ **熱帯雨林気候**…1年中高温で雨が多く，うっそうとした❻＿＿＿＿＿＿がしげる。**湿気**をのがすため床の高い家屋。

三大宗教

宗教	開いた人	地域	特色
仏教	❼	東南アジア，東アジア	タイでは男性は出家する。
❽　　　　教	イエス	ヨーロッパ，南北アメリカ，オセアニア	日曜は教会で礼拝する。
❾　　　　教	ムハンマド	北アフリカ，西アジア，中央アジア	聖地メッカへ向け礼拝する。

1 気候ごとの人々の生活

右の図を見て，次の問いに答えなさい。

❶ タイガとよばれる針葉樹林が広がる気候を，図中のア～エから1つ選びなさい。（　　　　　）

❷ ①～④にあてはまる気候帯をそれぞれ答えなさい。

① （　　　　　　　　）
② （　　　　　　　　）
③ （　　　　　　　　）
④ （　　　　　　　　）

①	氷雪気候	1年中雪や氷におおわれている。
	A ツンドラ気候	短い夏の間，わずかにこけなどの植物が生える。
②	B 砂漠気候	1年中雨がほとんど降らない。
	ア ステップ気候	わずかに雨が降り，短い草が生える。
③	C 熱帯雨林気候	1年中気温が高く雨が多い。常緑樹の森林。
	イ サバナ気候	1年中気温が高く雨季と乾季がある。草原と樹木。
④	温暖湿潤気候	温暖で夏に降水量が多い。降水量や気温の変化が大きい。
	ウ 西岸海洋性気候	気温も降水量も変化が少ない。1年を通して湿潤。
	地中海性気候	夏は高温・乾燥。冬に雨が多くなる。
エ 冷帯(亜寒帯)気候		冬の寒さは厳しいが，夏には気温が上がる。

❸ Aの気候のうち，北アメリカ州北部で先住民が主食としてきた動物を，次のア～エから1つ選びなさい。（　　　　　）

ア らくだ　　イ トナカイ　　ウ 羊　　エ 牛

❹ Bの気候で見られる，家畜を連れて移動しながら飼育する牧畜を何というか，答えなさい。（　　　　　）

点UP ❺ Cとエの気候では，床の高い家屋が見られる。このうち，緯度がより高い地域を選んで記号を書き，その地域で床の高い家屋を建てる理由を，簡単に説明しなさい。　　　記号（　　　　　）

理由（　　　　　　　　　　　　　　　　　　　　　　　）

2 世界の宗教

次の問いに答えなさい。

❶ 右の図のような礼拝を行う宗教で，多くの巡礼者が訪れる最大の聖地を何というか，答えなさい。（　　　　　）

❷ キリスト教を開いた人物を，次のア～ウから1つ選びなさい。

ア イエス　　イ ムハンマド　　ウ シャカ　　（　　　　　）

❸ ヒンドゥー教徒が最も多い国を，次のア～エから1つ選びなさい。
（　　　　　）

ア タイ　　イ サウジアラビア　　ウ イタリア　　エ インド

1

アジア州

解答　さくっとマルつけ

別冊
p.04

H-04

—☑ 基本をチェック—

10分

①▶ 東アジアの成長

■アジア❷_____（新興工業経済地域）
　…韓国・台湾・ホンコン・シンガポールが工業化。

■中国の成長
> 民族…東部に多く住む❸_____が約9割。
> 農業…華中・華南で稲作（華南では二期作），
　華北・東北地方で❹_____。
> 工業…❺_____で外国企業誘致。

②▶ 東南アジア・南アジアの発展

■**東南アジアのまとまり**…東南アジア諸国連合（❻_____）を結成して，地域内や東

アジアとの経済協力。

> プランテーション…油やしからとれる**パーム油，天然ゴム**などが輸出されてきた。

> **工業化**…労働者の賃金が安いため，各国の工業団地に外国企業が進出。

■**インドの変化**…❼_____などで**情報通信技術（ICT）産業**が発達。

③▶ 西アジア・中央アジアの資源

■**西アジア**…❽_____湾岸で多くの**石油**を生産。石油の収入で近代都市を建設。
　OPEC（石油輸出国機構）で結束。

■中央アジア…各国がソ連から独立。❾_____（希少金属），石油などの輸出に依存。

アジア州の自然

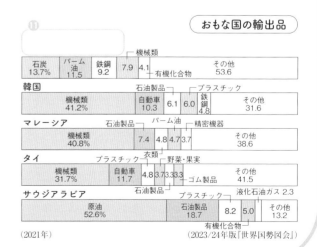

農作物の生産量割合

おもな国の輸出品

(2021年)　(2023/24年版『世界国勢図会』)

(2023/24年版『世界国勢図会』)

10点アップ！

1 ▶ 東アジア・東南アジア・南アジア

10分

右のグラフを見て，次の問いに答えなさい。

❶ グラフ1の①・②の農作物のおもな産地を，次の
ア〜エから1つずつ選びなさい。

　　　　　① （　　　　　） ② （　　　　　）

　ア　南アジアの北西部（パンジャブ地方）

　イ　チベット高原　　ウ　アラビア半島

　エ　中国の華南

❷ ③はインドのアッサム州などで栽培されている。
この農作物を何というか，答えなさい。

　　　　　　　　　　　　　（　　　　　　　）

❸ グラフ1中のインドでは，南部のベンガルールで
ソフトウェア開発などの　①　産業が発達してい
る。この背景には，　②　語を話す人が多いこと，
数学の教育が進んでいることがあった。①・②にあてはまる語句を答え
なさい。　　　　　　① （　　　　　　　） ② （　　　　　　　）

❹ ④は輸出向けに開かれた大農園で栽培されている。このような農園を何
というか，答えなさい。　　　　　　　　（　　　　　　　）

点UP ❺ グラフ2は，現在も④の農作物の生産が多い国の輸出品を示している。
この国を，次のア〜エから1つ選びなさい。　　　　（　　　　　　）

　ア　タイ　　イ　インドネシア　　ウ　インド　　エ　中国

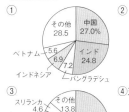

グラフ1

① その他 28.5 ／ 中国 27.0% ／ インド 24.8 ／ バングラデシュ 7.2 ／ インドネシア 6.9 ／ ベトナム 5.6

② 中国 17.8% ／ インド 14.2 ／ ロシア 9.9 ／ アメリカ 5.8 ／ フランス 4.7 ／ その他 47.6

③ 中国 48.8% ／ インド 19.4 ／ ケニア 8.3 ／ トルコ 5.1 ／ スリランカ 4.6 ／ その他 13.8

④ 天然ゴム　タイ 33.1% ／ インドネシア 22.3 ／ ベトナム 9.1 ／ インド 5.4 ／ 中国 5.3 ／ その他 24.8

(2021年)　　　　(2023/24年版『世界国勢図会』)

グラフ2

機械類 31.7% ／ 自動車 11.7 ／ 石油製品 3.3 ／ プラスチック 4.8 ／ ゴム製品 3.3 ／ 野菜・果実 3.7 ／ その他 41.5

(2021年)　　　　(2023/24年版『世界国勢図会』)

ヒント

1 ❶

①は温暖で雨が多い地域，②は比較的乾燥した地域。

❸

インドがかつてイギリスの植民地だったことから考える。

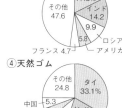

2章｜世界の諸地域

2 ▶ 西アジア・中央アジア

右の地図を見て，次の問いに答えなさい。

❶ ペルシャ湾の位置を，地図中のア〜ウから1つ選びなさい。

　　　　　　　　　　　　　　（　　　　　　）

❷ 多くの石油生産国が加盟し，石油の価格や生産量を決定して
いる組織を何というか，答えなさい。

　　　　　　　　　　　　　　（　　　　　　）

❸ 地図中のカザフスタンなど，中央アジアの国々の特色ある輸出品を，次
のア〜エから1つ選びなさい。　　　　　（　　　　　　）

　ア　大豆　　イ　レアメタル　　ウ　半導体　　エ　バナナ

ア／カザフスタン／ウズベキスタン／キルギス／トルコ／トルクメニスタン／シリア／イラク／イラン／アフガニスタン／クウェート／ヨルダン／バーレーン／ウ カタール／サウジアラビア／オマーン／イ／アラブ首長国連邦／✚ 石油／イエメン

2 ❶

イランを中心に古代に栄えた国をペルシャという。

13

2 ヨーロッパ州

解答 別冊 p.04

さくっとマルつけ

H-05

☑ 基本をチェック

10分

① ヨーロッパ州の姿

■ **言語**…西部・北部で❸＿＿＿＿＿＿＿＿系言語，南部でラテン系言語，東部で**スラブ系言語**。

■ **宗教**…キリスト教徒が多い。

② ヨーロッパ州の産業

■ **農業**…❹＿＿＿＿＿＿＿＿＿（小麦・ライ麦などの栽培と豚・牛などの飼育）。**地中海式農業**（乾燥する夏にオリーブやオレンジ，雨の多い冬に小麦を栽培）。**酪農**（乳牛を飼育してバターやチーズを生産）。

■ **鉱工業**

> **鉱産資源**…❺＿＿＿＿＿＿の海底で石油を生産。

> **工業**…EUの自由な経済を利用し，**各国で部品づくりを分担して**❻＿＿＿＿＿＿＿＿を生産。

ヨーロッパ州の自然

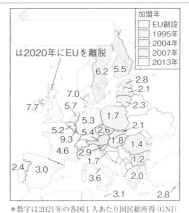

① ＿＿＿＿という氷河地形

偏西風

イギリス
オランダ
ドイツ
フランス

スカンディナビア半島
ロシア
東ヨーロッパ平原

ギリシャ

② ＿＿＿＿山脈

③ ヨーロッパ州の統合

■ **EU（ヨーロッパ連合）の政策**

> **加盟国間でできること**…関税がない。国境の通過に❼＿＿＿＿＿＿がいらない。

> **共通通貨**…❽＿＿＿＿＿＿を導入し，仕事や観光のための人々の移動を活発化。

> **共通農業政策**…農家に補助金を出して保護してきたが，生産過剰により見直し。

■ **EUの課題**

> 経済格差（地域格差）…**EC時代からの加盟国は国民総所得（GNI）が高く，2000年代以降の加盟国は低い。**

> **環境問題**…工場などから出た酸化物が偏西風にのって広範囲に❾＿＿＿＿＿＿を降らせる。

EUの加盟時期と加盟国の国民総所得

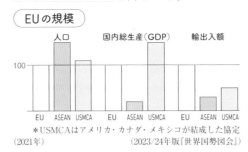

⑩ ＿＿＿は2020年にEUを離脱

加盟年
□ EU創設
1995年
2004年
2007年
2013年

6.2　5.5
7.0　2.8　2.1
7.7　5.7　2.3
5.3　1.7　2.1
5.2　5.4　2.6　1.8
9.3　2.9　1.4
4.6　1.7　1.2
2.4　3.0　3.6　2.0
3.1　2.8

EUの規模

人口　国内総生産（GDP）　輸出入額

100

EU　ASEAN　USMCA　EU　ASEAN　USMCA　EU　ASEAN　USMCA

＊USMCAはアメリカ・カナダ・メキシコが結成した協定
（2021年）　（2023/24年版『世界国勢図会』）

＊数字は2021年の各国1人あたり国民総所得（GNI）
（2023/24年版『世界国勢図会』ほか）　（万ドル）

10分 ✓

1 ヨーロッパ州の姿と産業

右の地図を見て，次の問いに答えなさい。

❶ 北大西洋海流の上をふき，ヨーロッパ州の気候に影響をあたえる風の向きを，地図中のa～dから1つ選びなさい。

（　　　　　　）

点UP ❷ ヨーロッパ州の国々は，イースターを祝日としている。これは何という宗教の行事か，答えなさい。

（　　　　　　）

❸ 次の説明が示している農業の分布を，地図中のア～ウから1つずつ選びなさい。

① 乾燥する夏にオリーブやオレンジ，雨の多い冬に小麦を栽培する。

② 小麦・ライ麦などの栽培と豚・牛などの飼育を組み合わせている。

①（　　　　　　）②（　　　　　　）

❹ 地図中の◆では，EU加盟国でつくった部品を集めて，工業製品を組み立てている。この工業製品を，次のア～ウから1つ選びなさい。

ア 自動車　　イ 航空機　　ウ 船舶　　（　　　　　　）

凡例：
- アイウ
- アイウ
- アイウ
- 園芸，果樹
- 森林，その他
- ▲ ぶどう

2 ヨーロッパ州の統合と課題

右の地図を見て，次の問いに答えなさい。

❶ EUの結成によって実現していることとしてあてはまらないものを，次のア～エから1つ選びなさい。

ア 加盟国間で関税がかからない。　（　　　　　　）

イ 他国で働くことができる。

ウ 共通の通貨を定めた。

エ 共通の言語を定めた。

❷ EUでは経済格差（地域格差）が問題となっている。

加盟国間にどのような格差があるのか，地図中の加盟時期と国民総所得（GNI）の関係を読み取って，簡単に説明しなさい。

（　　　　　　　　　　　　　　　　　　　　　）

❸ 2020年にEUから離脱した国を，地図中のア～エから1つ選びなさい。

（　　　　　　）

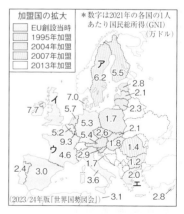

加盟国の拡大
- EU創設当時
- 1995年加盟
- 2004年加盟
- 2007年加盟
- 2013年加盟

＊数字は2021年の各国の1人あたり国民総所得（GNI）（万ドル）

（2023/24年版「世界国勢図会」）

ヒント

1 ❸

① 地中海性気候の特色と関連づけて考える。

❹

技術協力によって，アメリカなどの製品に対して優位に立とうとしている。

2 ❶

共通の大統領や議会は設けられている。

3 アフリカ州

解答　別冊 p.05

H-06

☑ 基本をチェック

10分

①▶ アフリカ州の姿

■ **歩み**…ヨーロッパ諸国により ② _____ とされ,独立後もヨーロッパの言語を公用語とする国が多い。

■ **南アフリカ共和国の変化**…少数の白人が有色人種を差別する ③ _____（人種隔離政策）→1990年代に廃止。

アフリカ州の自然

②▶ アフリカ州の産業

■ **農業**

> 商品作物…植民地時代に開かれた ④ _____ で, カカオ・コーヒー・茶などの商品作物を栽培。

> 伝統的な農業…オアシスで小麦・なつめやしを栽培。

■ **鉱業**

> 鉱産資源…北部で**石油**，中部で**銅**，南部で**ダイヤモンド**。南アフリカ共和国は**金・石炭・鉄鉱石**などが豊富。

> ⑤ _____（希少金属）…**コバルト**，**マンガン**，**クロム**など。**ハイテク製品の材料**となる。

アフリカ州の農業

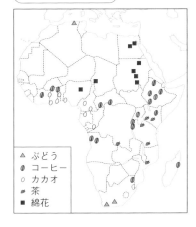

▲ ぶどう
🌰 コーヒー
○ カカオ
🌿 茶
■ 綿花

③▶ アフリカ州の課題

■ ⑥ _____ **経済**…少ない種類の商品作物や鉱産資源の輸出にたよる経済。

■ **都市化**…農村部から都市部への人口移動で，生活環境の悪い ⑦ _____ が拡大。

⑧ _____ の生産国

（2021年）

その他 22.1
コートジボワール 39.4%
エクアドル 5.4
ブラジル 5.4
インドネシア 5.4
ガーナ 14.7
ガーナ 13.0

（2023/24年版『世界国勢図会』）

おもな国の輸出品

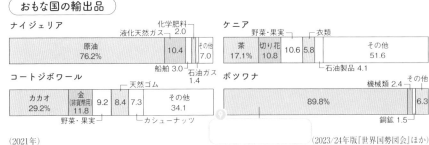

ナイジェリア

| 原油 76.2% | 液化天然ガス | 化学肥料 2.0 | その他 7.0 |

船舶 3.0　10.4　石油ガス 1.4

コートジボワール

| カカオ 29.2% | 金（非貨幣用）11.8 | 9.2 | 8.4 | 天然ゴム 7.3 | その他 34.1 |

野菜・果実　カシューナッツ

（2021年）

ケニア

| 茶 17.1% | 切り花 10.8 | 野菜・果実 10.6 | 衣類 5.8 | その他 51.6 |

石油製品 4.1

ボツワナ

| 89.8% | 機械類 2.4 その他 6.3 |

銅鉱 1.5

⑨ _____

（2023/24年版『世界国勢図会』ほか）

10点アップ！↗

1 アフリカ州の姿

右の地図を見て，次の問いに答えなさい。

❶ 地図中のＡの河川名を答えなさい。

（　　　　　　　　）

❷ 地図中のサハラ砂漠とその北部で信仰されている宗教は何か，答えなさい。

（　　　　　　　　）

❸ 地図中の──────のような国境が引かれたことにより生じた問題点を，次のア～エから１つ選びなさい。

（　　　　　　　　）

ア 自然災害が多くなった。　　イ 地域紛争が続いた。
ウ 鉱産資源が枯渇した。　　エ 人口が減少した。

サハラ砂漠　A

ヒント

1 ❸
緯線や経線などに沿って引かれた境界線。

2 アフリカ州の産業と課題

右の地図を見て，次の問いに答えなさい。

❶ 地図中のＡ・Ｂに分布する農作物を，次のア～エから１つずつ選びなさい。　Ａ（　　　　　　）Ｂ（　　　　　　）

ア 米　　イ ぶどう　　ウ 綿花　　エ バナナ

❷ 地図中のア～ウは，コーヒー・カカオ・茶の分布を示している。カカオにあてはまるものを，ア～ウから１つ選びなさい。

（　　　　　　　　）

点UP ❸ 右のグラフ中のＣに共通してあてはまる国は，大部分が熱帯雨林におおわれている。この国を，次のア～エから１つ選びなさい。（　　　　　　　　）

ア コンゴ民主共和国　　イ ケニア
ウ エチオピア　　　　　エ アルジェリア

■ Ａ
▲ Ｂ
◗ ア
◖ イ
◯ ウ

コバルト生産国
（2022年）
フィリピン 2.8
その他 21.3
Ｃ 67.0%
5.4
オーストラリア 3.5
ロシア

プラチナ生産国
（2021年）
カナダ 3.1　その他 4.5
ジンバブエ 7.7
10.9
Ｄ 73.8%
ロシア

ダイヤモンド生産国
（2020年）
オーストラリア 10.2
その他 20.6
ロシア 29.2%
Ｃ 11.9
カナダ 12.2
ボツワナ 15.9

（2023/24年版『世界国勢図会』）

❹ 1990年代にアパルトヘイト（人種隔離政策）を廃止した，グラフ中のＤの国名を答えなさい。

（　　　　　　　　）

❺ 農村から都市への人口移動によって都市で発生した問題を，次のア～エから１つ選びなさい。

（　　　　　　　　）

ア モノカルチャー経済　　イ 砂漠化
ウ 少子高齢化　　　　　　エ スラム化

2 ❹
石炭や鉄鉱石にもめぐまれ，工業化が進んでいる国。

4 北アメリカ州

解答 別冊 p.05

さくっとマルつけ

H-07

基本をチェック

10分

1 北アメリカ州の姿

■ **言語・文化**…カナダは**英語**と❷_____語を公用語とし，**多文化主義**の政策をとる。メキシコでは**スペイン語**が公用語。

■ **地域の協力**…❸_____（アメリカ・メキシコ・カナダ協定）により貿易を自由化。

北アメリカ州の自然

2 北アメリカ州の産業

■ **農業**…自然条件に合わせた❹_____。広大な耕地を大型機械で耕作。少ない人手で効率よく生産する企業的農業。バイオテクノロジーの利用。

■ **鉱産資源**…五大湖周辺の**鉄鉱石・石炭**など。❺_____湾岸に**石油**。

■ **工業**…北緯37度以南の❻_____で航空機・宇宙・コンピューターなどのハイテク産業が成長。サンフランシスコ郊外の❼_____で情報技術産業が発達。

北アメリカ州の農業

3 アメリカの民族と都市

■ **アメリカの人種・民族**…ヨーロッパ系の移民が最多。スペイン語圏からの移民の**ヒスパニック**の人口が❽_____系（黒人）の人口を追いこす。

■ **都市**…人口最大の❾_____に国連本部。

■ **企業活動**…❿_____企業が世界に展開。

アメリカとカナダの鉱工業

小麦の輸出国

計1億9814万t　ロシア13.8%　オーストラリア12.9　アメリカ12.1　カナダ10.9　ウクライナ9.8　その他40.5

(2021年)　(2023/24年版『世界国勢図会』)

アメリカの人種・民族

(US Census Bureauほか)

計3億2312万人　ヨーロッパ系72.6%　アフリカ系12.7　アジア系5.4　ネイティブアメリカン0.8　その他8.5

(2016年)

総人口のうち17.8%が⓫_____

10分

1 北アメリカ州の姿と産業

右の地図を見て，次の問いに答えなさい。

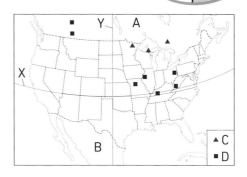

❶ 次の説明にあてはまる地域を，あとのア～エから1つずつ選びなさい。

　① アメリカで乾燥帯にふくまれる地域

　② サンベルトとよばれる工業地域

　ア 地図中のXの緯線より北側の広い地域

　イ 地図中のXの緯線より南側の広い地域

　ウ 地図中のYの経線より東側の広い地域

　エ 地図中のYの経線より西側の広い地域

　　　　　　　　① (　　　　　) ② (　　　　　)

❷ 次のア～オのうち，地図中のAの国の公用語を2つ，Bの国の公用語を1つ選びなさい。

　　　　A (　　　) (　　　) B (　　　)

　ア ドイツ語　　イ フランス語

　ウ スペイン語　　エ イタリア語　　オ 英語

❸ 地図中のC・Dの鉱産資源を，次のア～オから1つずつ選びなさい。

　　　　　　　C (　　　) D (　　　)

　ア 鉄鉱石　　イ 石油　　ウ 銅　　エ 石炭　　オ 金

❹ 右のグラフで輸出国を示した農作物を答えなさい。

　　　　　　　　(　　　　　　)

点UP ❺ アメリカの農業の特色である適地適作とは，どのような農業か，簡単に説明しなさい。

(　　　　　　　　　　　　　　　　　　)

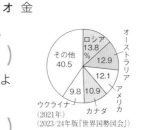

オーストラリア 12.9
ロシア 13.8%
その他 40.5
アメリカ 12.1
カナダ 10.9
ウクライナ 9.8
(2021年)
(2023/24年版『世界国勢図会』)

2 アメリカの文化と都市

次の問いに答えなさい。

❶ 右上のグラフ中の(　　)系は，15世紀末以降，北アメリカに移住した人々である。(　　)にあてはまる地域名を答えなさい。 (　　　　　　)

❷ グラフ中のア～ウのうち，メキシコ以南からアメリカに移住したスペイン語を話す人々を，1つ選びなさい。 (　　　　)

❸ アメリカで生まれた商業のうち，注文してから短時間で食べられるハンバーガーなどの食事を何というか，答えなさい。 (　　　　　　)

計3億2312万人
(2016年) 総人口のうち17.8%がア
(　　)系 72.6%
イ 12.7
アジア系 5.4
ウ 0.8
その他 8.5
(US Census Bureauほか)

ヒント

1 ❶
年降水量が500mmの地域の境となる線が，ほぼYに沿っている。

❸
ピッツバーグなどの鉄鋼業は，五大湖周辺やアパラチア山脈で生産される鉱産資源を原料に発達した。

2 ❶
イギリスやフランスから移住した人々である。

❷
メキシコ以南の北アメリカ州と南アメリカ州は，ラテンアメリカとよばれる。

南アメリカ州

解答
別冊 p.06

H-08

10分

── ☑ 基本をチェック ──

① 南アメリカ州の姿

■**南アメリカ州の民族・言語**

> ❷ ＿＿＿＿＿＿＿…ヨーロッパ系と先住民の混血。

> ❸ ＿＿＿＿＿＿＿…20世紀以降は日本人の移住がさかん。

> 言語…❹ ＿＿＿＿＿語が公用語のブラジルを除いて，多く
の国の公用語は**スペイン語**。

■**アマゾン川流域の先住民**…❺ ＿＿＿＿＿農業により，い
も・バナナ・豆などを栽培。土地がやせる前に移動して耕作して森
林を再生。

南アメリカ州の自然

② 南アメリカ州の産業

■**農業**…ブラジルでは植民地時代に天然ゴム・コーヒーの**プラ
ンテーション**が発達。**大豆**の生産も増加。

■**工業**…ブラジルで❻ ＿＿＿＿＿を原料とする**バイオ
燃料（バイオエタノール）**を生産。ブラジルは重化学工業の
育成に成功し，モノカルチャー経済から脱出。

③ 環境問題・都市問題

■❼ ＿＿＿＿＿川流域…農園・鉱山・ダム・道路など
の開発のため森林が**伐採**。持続可能な開発が求められる。

■**都市化による問題**…人口の８割以上が都市部に住む。治
安の悪い❽ ＿＿＿＿＿を形成。

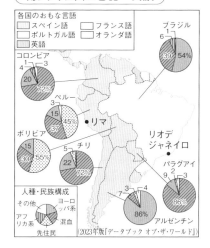
南アメリカ州の言語・民族

各国のおもな言語
□スペイン語 □フランス語
□ポルトガル語 □オランダ語
▨英語

人種・民族構成

（2023年版『データブック オブ・ザ・ワールド』）

南アメリカ州の国々の輸出品

				機械類 5.2	（2021年）
ブラジル	鉄鉱石 15.9%	大豆 13.7	原油 10.9	肉類 6.9	その他 47.4

		野菜・果実┐		┌パルプ・古紙 2.9	
チリ	銅鉱 31.5%	25.1	8.0	6.6	その他 25.9

魚介類

❾

（2023/24年版『世界国勢図会』）

鉱産資源・農作物の生産量割合

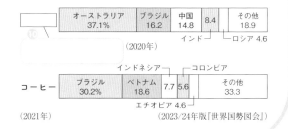

		オーストラリア 37.1%	ブラジル 16.2	中国 14.8	8.4	その他 18.9

インド┘ └ロシア 4.6

（2020年）

インドネシア┐ ┌コロンビア

コーヒー	ブラジル 30.2%	ベトナム 18.6	7.7	5.6	その他 33.3

エチオピア 4.6

（2021年）　（2023/24年版『世界国勢図会』）

10点アップ！↗ ── 10分 ✓

1 南アメリカ州の姿と産業

右の地図を見て，次の問いに答えなさい。

❶ 地図中の**A～D**には，次の**ア～エ**のいずれかの言語があてはまる。**A・C**にあてはまる言語を，1つずつ選びなさい。　A（　　　　　）　C（　　　　　）

ア ポルトガル語　　**イ** フランス語
ウ オランダ語　　　**エ** スペイン語

❷ 地図中のグラフで，先住民の人口割合が最も高い国の名を答えなさい。また，混血のうち，ヨーロッパ系と先住民の混血を何とよぶか，答えなさい。

国（　　　　　　　）

混血（　　　　　　）

点UP ❸ 右のグラフで輸出品を示した国を，地図中の**ア～エ**から1つずつ選びなさい。

X（　　　　　）　Y（　　　　　）

❹ 次の説明にあてはまる国を，地図中の**ア～エ**から1つずつ選びなさい。

① （　　　　　）　② （　　　　　）

① さとうきびを原料にバイオ燃料を生産している。
② パンパで小麦栽培や牛の放牧が行われている。

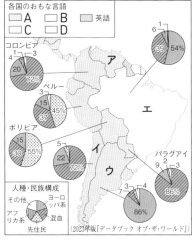

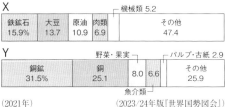

X				機械類 5.2	
鉄鉱石 15.9%	大豆 13.7	原油 10.9	肉類 6.9		その他 47.4

Y			野菜・果実		パルプ・古紙 2.9
銅鉱 31.5%	銅 25.1		8.0	6.6	その他 25.9

(2021年)　魚介類　(2023/24年版『世界国勢図会』)

⎡ ヒント ⎤

1 ❹
① さとうきびは，16世紀からプランテーションで栽培されてきた。

2 環境問題・都市問題

次の文を読んで，あとの問いに答えなさい。

---
① 農園・鉱山・ダム・道路などの開発のため，a森林が伐採され，生物多様性が失われてきた。今後は，（ b ）な開発が求められる。

② 南アメリカ州では人口の8割以上が都市部に住んでいる。特に（ c ）のリマなどでは，貧しい人々が集まって暮らす治安の悪いスラムが広がっている。
---

❶ 下線部aのうち，アマゾン川流域に広がる熱帯雨林(熱帯林)のことを何とよぶか，答えなさい。（　　　　　　　）

❷ bにあてはまる語句を答えなさい。（　　　　　　　）

❸ cにあてはまる国名を答えなさい。（　　　　　　　）

2 ❷
現在の世代の利益だけでなく，将来の世代のことも考えた開発のあり方が求められている。

オセアニア州

解答 さくっとマルつけ

別冊 p.07

H-09

―☑ 基本をチェック―

10分

① オセアニア州の姿

■**自然**…オーストラリア大陸の約3分の2が砂漠や草原。

ニュージーランドは温帯。太平洋の島国は熱帯で，土壌

が肥えた② _____，水や土壌にとぼしい

③ _____ の島からなる。

■**歩み**…17世紀以降ヨーロッパ系の人々が移住。

> **アボリジニ**…オーストラリアの先住民。土地をうばわれ，

人口が減少。現在は伝統的文化の保存がはかられている。

> ④ _____…ニュージーランドの先住民。現

在は**移民の文化と先住民の文化の両方を尊重**する政策がとられている。

■**オーストラリアの移民政策**…ヨーロッパ系以外の移民を制限する⑤ _____ から，

多様な文化が共存できる社会をめざす**多文化主義**へ転換。

オセアニア州の自然

② オセアニア州の産業

■**農業**…オーストラリアは南東部・南西部で**小麦**栽培と**酪農**。内陸では⑥ _____ や**肉牛**の放牧。

ニュージーランドは**羊や乳牛**の飼育がさかんで，**酪農品**がおもな輸出品。

■**鉱産資源**…オーストラリアの西部で**鉄鉱石**，東部で**石炭**を生産。大規模な⑦ _____ 掘り。

③ アジア州とのつながり

■**貿易相手国の変化**…かつては**イギリス**が第1位。そ

の後，**太平洋周辺諸国**との関係が強まり，**中国**や

⑧ _____ が上位へ。

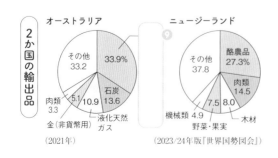

2か国の輸出品

オーストラリア

その他 33.2
33.9%
石炭 13.6
10.9
5.1
肉類 3.3
金(非貨幣用)
液化天然ガス

(2021年)

ニュージーランド

その他 37.8
酪農品 27.3%
肉類 14.5
8.0
7.5
木材
野菜・果実
機械類 4.9

(2023/24年版『世界国勢図会』)

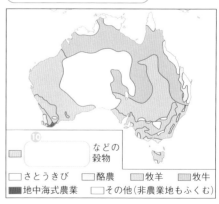

オーストラリアの農業地域

⑩ _____ などの穀物

□ さとうきび　□ 酪農　▨ 牧羊　▨ 牧牛
▤ 地中海式農業　□ その他(非農業地もふくむ)

10分 ⏰

1 オセアニア州の姿と産業

右の地図を見て，次の問いに答えなさい。

点UP▶

❶ 地図中のA〜Cにあてはまる農牧業を，次の**ア〜エ**から１つずつ選びなさい。

A（　　　　）B（　　　　）

C（　　　　）

ア 牧羊　　**イ** さとうきび栽培(さいばい)

ウ 牧牛　　**エ** 稲作(いなさく)

❷ 地図中の非農業地をふくむ，その他の地域に多く住む，オーストラリアの先住民を何とよぶか，答えなさい。

（　　　　　　　　）

❸ オーストラリアとニュージーランドの輸出品を示したグラフを，右の**ア〜エ**から１つずつ選びなさい。

オーストラリア（　　　　　）

ニュージーランド（　　　　　）

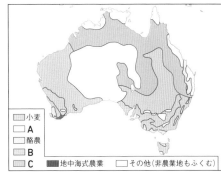

凡例：小麦／A／酪農／B／C／地中海式農業／その他（非農業地もふくむ）

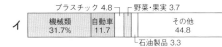

| ア | 酪農品 27.3% | 肉類 14.5 | 木材 8.0 | 野菜・果実 7.5 | 機械類 4.9 | その他 37.8 |

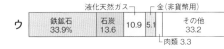

| イ | 機械類 31.7% | 自動車 11.7 | プラスチック 4.8 | 石油製品 3.3 | 野菜・果実 3.7 | その他 44.8 |

| ウ | 鉄鉱石 33.9% | 石炭 13.6 | 液化天然ガス 10.9 | 金（非貨幣用）5.1 | 肉類 3.3 | その他 33.2 |

| エ | 鉄鉱石 15.9% | 大豆 13.7 | 原油 10.9 | 肉類 6.9 | 機械類 5.2 | その他 47.4 |

（2021年）　（2023/24年版『世界国勢図会』）

2 他地域とのつながり

右のグラフを見て，次の問いに答えなさい。

❶ オーストラリアで白豪(はくごう)主義が行われていたころのグラフを，**A・B**から１つ選びなさい。

（　　　　　）

❷ グラフAのイギリスが，かつて最大の貿易相手国だったことの歴史的背景を，簡単に説明しなさい。

（　　　　　　　　　　　　　　　　　　）

❸ 現在の主要貿易相手国の多くがふくまれる州を，次の**ア〜エ**から１つ選びなさい。（　　　　）

ア ヨーロッパ州　　**イ** 南アメリカ州

ウ アフリカ州　　**エ** アジア州

❹ 現在のオーストラリアが行っている，多様な文化が共存できる社会をめざす政策を何というか，答えなさい。（　　　　　　　）

オーストラリアの貿易相手国

| A 輸入出総額 42億ドル | イギリス 31.0% | アメリカ 12.1 | 日本 9.5 | 西ドイツ 4.9 | フランス 4.0 | イタリア 3.2 | ニュージーランド 3.8 | その他 31.5 |

| B 輸入出総額 4586億ドル | 中国 25.7% | 日本 8.8 | 韓国 7.0 | アメリカ 6.3 | インド 3.2 | その他 49.0 |

（国際連合資料ほか）

ヒント

1-❸ オーストラリアは鉱産資源，ニュージーランドは農産物中心。

2-❸ アジア太平洋経済協力(たいへいよう)(APEC)(エイペック)に参加している国が多くふくまれている。

身近な地域の調査

解答
別冊
p.08

さくっと
マルつけ

H-10

☑ 基本をチェック

10分

1 地形図の決まり

■ **方位**…方位記号や緯線・経線が示されていない場合は，地図の上が**②_____**となる。

■ **縮尺**…実際の距離を地図上に縮めた割合。2万5千分の1，5万分の1の**地形図**，20万分の1の**地勢図**。

> 実際の距離＝地形図上の長さ×縮尺の分母

■ **等高線**…細い**主曲線**は**③_____**分の1地形図では標高10m間隔，5万分の1地形図では20m間隔。**間隔が広いほど傾斜はゆるやか。**

■ **地図の表現**

> **⑥_____利用図**…農地・建物・樹林ごとに色分け。

> **⑦_____区分図**…数値を区分し，色分け。

> **図形表現図**…数値を円や棒などの図形で表す。

> **流線図**…人やものの移動の向きと量を矢印で表す。

8方位

```
        北
   北西  ↑  北東
西 ←――――――→ 東
   南西  ↓  南東
        南
```

おもな地図記号

＝＝ 国道	◎ 市 役 所 東京都の区役所	⍋ 老 人 ホ ー ム
＝ 有料道路	○ 町・村役場 指定都市の区役所	日 神 　 社
単線 駅 複線以上 （JR線） ┤普通鉄道	⍟ 官 公 署	卍 寺 　 院
側線 地下駅 トンネル	◇ 裁 判 所	⍾ 図 書 館
△ 三 角 点 ・125 標 高 点	◈ 税 務 署	血 博物館・美術館
□ 水 準 点	⊕ 保 健 所	杊 風 　 車
	⊗	卩 煙 　 突

田	⫶⫶⫶	果樹園	○○○
畑	∨∨	広葉樹林	○○○
茶畑	∴∴	針葉樹林	∧∧

✕ 交 番・駐 在 所	⍓ 自然災害伝承碑
Y 消 防 署	∴ 史跡・名勝・ 天然記念物
⊖ 郵 便 局	山 城 　 跡
⍟ 発電所・変電所	⛊ 灯 　 台
文 小・中 学 校	⚓ 地 方 港
⊛ 高 等 学 校	⚓ 漁 　 港
田 病 　 院	♨ 温 　 泉

等高線の種類

種類＼縮尺	5万分の1	2万5千分の1	記号
計曲線	**④_____m**	50m	———
主曲線	20m	10m	——
補助曲線	10m	5mか	----
	5m	2.5m	——

2 地域調査の手順

■ **情報を集める**…地形図をもとに野外観察のコースを**ルートマップ**にまとめる。

■ **調査テーマを決める**…人口・産業・文化などの視点。

■ **⑧_____を立てる**…テーマに対する答えの予想。

■ **調査計画を立てる**…仮説をもとに，調査の方法を考える。

■ **調査する**…聞き取り調査，**⑨_____観察**，文献調査。新旧の地形図を比較。

■ **考察する**…調査結果を仮説と照らし合わせる。地図・グラフ・写真などを使ってまとめる。

■ **発表する**…口頭発表，展示発表。

断面図の作成

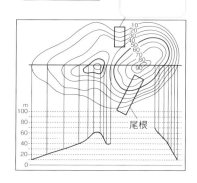

尾根

10分

1 地形図の決まり

同じ地域をえがいた右の地形図を見て，次の問いに答えなさい。

❶ 2024年の地形図中に見られるようになった，整然と区画された ▦▦▦ は何だと考えられるか。次の**ア**〜**エ**から1つ選びなさい。

（　　　　　）

ア 発電所　　イ 牧草地
ウ 住宅団地　エ 塩田

❷ 2024年の地形図中で自動車道が交差した北側のAの地域は，1968年にはどのような土地利用だったか。次の**ア**〜**エ**から1つ選びなさい。　（　　　　　）

ア 田　　　　イ 茶畑
ウ 広葉樹林　エ 荒地

点UP ❸ 次の**ア**〜**ウ**の地域のうち，2024年において標高が最も低い地域を1つ選びなさい。

（　　　　　）

ア 高根（一）　イ 城山（二）　ウ 桃ヶ丘（一）

❹ 2024年の地形図にB・Cで示した建物は何か，それぞれ答えなさい。

B（　　　　　　　）　C（　　　　　　　）

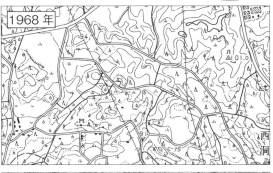

（国土地理院発行 2万5千分の1地形図「小牧」／電子地形図25000）

2 地域調査の手順

次の問いに答えなさい。

❶ 右の①・②の調査にあてはまるものを，次の**ア**〜**ウ**から1つずつ選びなさい。

①（　　　　　）　②（　　　　　）

| ① | 聞き取り調査 |
| ② | 野外観察 |

ア 商店街を歩いてにぎわいを確かめる。
イ 図書館で文献を調べる。
ウ 地域の人々に昔のようすをたずねる。

❷ ❶ のように2枚の地図を比べることで，どのようなことがわかるか，簡単に説明しなさい。　（　　　　　　　　　　）

❸ パソコンによるプレゼンテーションなどで伝える発表方法を何というか，答えなさい。　（　　　　　　　　　　）

3章 日本のさまざまな地域

ヒント

1 ❶
丘陵地を切り開いて造成した地域で，全体的に以前より標高が低くなっている。

2 ❶
聞き取り調査には相手への事前連絡，野外観察にはルートマップの作成といった準備が必要である。

2

日本の自然環境の特色

解答
別冊
p.08

H-11

☑ 基本をチェック

10分

1 世界と日本の地形

■日本列島の地形

> 山地…本州中央に日本アルプス。

> 平野…日本の川は短く急流なため，土砂が積もりやすい。

> 海岸…三陸海岸などに

② ＿＿＿＿＿＿＿＿＿＿海岸。千葉県の九十九里浜などに砂浜海岸。

世界の造山帯

ウラル山脈
アルプス山脈
チベット高原
ロッキー山脈
日本列島
フィリピン諸島
ヒマラヤ山脈
造山帯
アルプス・ヒマラヤ造山帯
アンデス山脈

―― 新しい山脈
―― 古い山脈

（造山帯は変動帯ともいう）

2 日本の気候

■日本の気候…大部分は温帯で，南西諸島は亜熱帯，北海道は冷帯。**⑤**＿＿＿＿＿は冬は北西からふき日本海側に多くの雪を降らせる。

> 梅雨…5〜7月ごろ，雨の日が多くなる。

> **⑥**＿＿＿＿＿…夏から秋にかけて，強風や大雨。

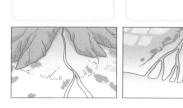

3 自然災害と防災

■自然災害

> 地震…活断層のずれで起こる直下型地震。プレートの境界付近で起こる海溝型地震。

> **⑦**＿＿＿＿＿…夏の低温で農作物が不作になる。

> 干ばつ（干害）…少雨により農作物に被害。

■防災…市町村による **⑧**＿＿＿＿＿＿＿＿の作成。

日本の気候区分

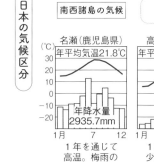

南西諸島の気候	**⑨** ＿＿＿の気候	太平洋側の気候	内陸の気候	日本海側の気候	**⑩** ＿＿＿の気候

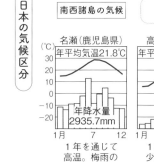
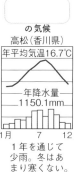
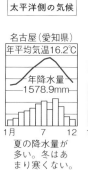
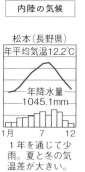
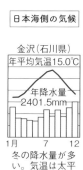
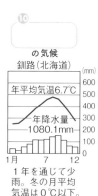

名瀬（鹿児島県）
年平均気温21.8℃
年降水量2935.7mm
1年を通じて高温。梅雨の降水が多い。

高松（香川県）
年平均気温16.7℃
年降水量1150.1mm
1年を通じて少雨。冬はあまり寒くない。

名古屋（愛知県）
年平均気温16.2℃
年降水量1578.9mm
夏の降水量が多い。冬はあまり寒くない。

松本（長野県）
年平均気温12.2℃
年降水量1045.1mm
1年を通じて少雨。夏と冬の気温差が大きい。

金沢（石川県）
年平均気温15.0℃
年降水量2401.5mm
冬の降水量が多い。気温は太平洋側と似る。

釧路（北海道）
年平均気温6.7℃
年降水量1080.1mm
1年を通じて少雨。冬の月平均気温は0℃以下。

10点アップ！

1 世界と日本の地形

右の地図を見て，次の問いに答えなさい。

❶ 地図中のA・Bの造山帯のうち，アジア州とヨーロッパ州にまたがるものを選び，記号と造山帯の名を答えなさい。 記号（　　　　　）
（　　　　　造山帯）

❷ 地図中のア〜エの平野や平原のうち，安定した大陸にふくまれないものを1つ選びなさい。
（　　　　　）

❸ 右の図は，世界と日本のおもな川の流れを比べたものである。日本の川の流れの特色を簡単に説明しなさい。
（　　　　　　　　　　　　　　　　　　）

❹ 図中のナイル川などの河口には，細かい土砂がたまってできた平地が広がっている。このような地形を何というか，答えなさい。
（　　　　　）

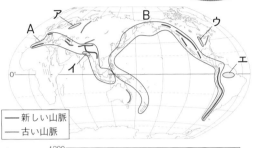

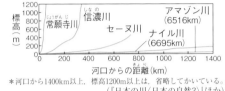

＊河口から1400km以上，標高1200m以上は，省略してかいている。
（『日本の川〈日本の自然3〉』ほか）

ヒント

1 ❸
縦軸の標高と，横軸の河口からの距離との関係に注目する。

❹
都市や耕地が発達していることが多い。

2 日本の気候・自然災害と防災

点UP

右の地図を見て，次の問いに答えなさい。

❶ 地図中の――は，日本の気候を6つに区分したものである。右下の①・②のグラフの特色をもつ気候を，地図中のA〜Fから1つずつ選びなさい。
① （　　　　　） ② （　　　　　）

❷ 日本の気候に影響をあたえる，地図中の⇨の風を何というか。また，冬にふく風向きはア・イのどちらか，答えなさい。
風（　　　　　） 向き（　　　　　）

❸ 地図中のaの◯◯の地域は，1995年の直下型地震で大きな被害を受けた。この震災を何というか，答えなさい。
（　　　　　）

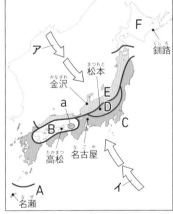

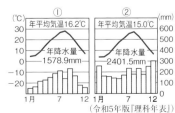

（令和5年版『理科年表』）

2 ❶
どちらも年降水量が多い気候だが，季節ごとの降水量に注目する。

日本の人口，資源・エネルギー

解答
別冊 p.09

さくっと マルつけ
H-12

―✓ 基本をチェック―

10分

1 世界から見た日本の人口

■ ②＿＿＿＿＿…アジア州やアフリカ州の発展途上国で急激な人口増加。

■ **少子高齢化**…日本やヨーロッパの先進国で，子どもの数が減る ③＿＿＿＿＿ と高齢者の数が増える**高齢化**が進行。

■ **人口のかたより**…高度経済成長期に進行。

> **過密**…都市部に人口が集中。

> ④＿＿＿＿＿…農村部の人口が過度に減少。仕事の不足，交通機関の廃止。

日本の人口ピラミッドの変化

①＿＿＿＿型

富士山型 1930年

つりがね型 1970年

2022年

発展途上国。出生率，死亡率ともに高い。

先進国。出生率，死亡率ともに低い。

先進国。出生率，死亡率ともにさらに低下。

老年人口
生産年齢人口
年少人口

（『国勢調査』）

2 世界から見た日本の資源・エネルギー

■ **鉱産資源**…石油は，ペルシャ湾岸からカスピ海にかけて分布。石炭は広く分布。⑦＿＿＿＿＿（希少金属）は高度な工業製品に欠かせない。

■ ⑧＿＿＿＿＿…太陽光・風力・地熱など，二酸化炭素の排出量が少ないエネルギー。

■ **日本のエネルギー**

> **水力発電**…ダムを建設する河川の上流に分布。

> **火力発電**…燃料の石油・石炭・天然ガスを輸入する臨海部に分布。

> ⑨＿＿＿＿＿発電…人口の少ない臨海部に分布。

鉱産資源の分布

⑥＿＿＿＿＿

⑤＿＿＿＿＿湾

□ 石油
◆ 石炭
▲ 鉄鉱石
● ボーキサイト
■ ウラン

（2010年版『ディルケ世界地図』ほか）

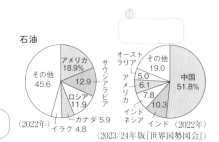

石油

アメリカ 18.9%
その他 45.6
サウジアラビア 12.9
ロシア 11.9
カナダ 5.9
イラク 4.8

⑩＿＿＿＿＿

その他 19.0
オーストラリア 5.0
アメリカ 6.1
インドネシア 7.8
インド 10.3
中国 51.8%

鉱産資源の生産量割合

（2022年）
（2023/24年版『世界国勢図会』）

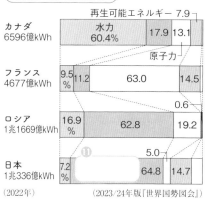

国別の発電量割合

	水力	再生可能エネルギー 7.9	原子力	
カナダ 6596億kWh	60.4%		17.9	13.1
フランス 4677億kWh	9.5% 11.2	63.0		14.5
ロシア 1兆1669億kWh	16.9%	62.8		19.2
日本 1兆336億kWh	7.2%	64.8		14.7

0.6

5.0

⑪＿＿＿＿＿

（2022年）

（2023/24年版『世界国勢図会』）

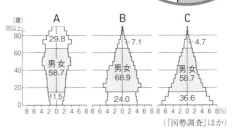

10点アップ！🡕　10分 🕐

1 世界から見た日本の人口

右のグラフを見て，次の問いに答えなさい。

❶A〜Cのような特色を示す人口ピラミッドを，次の
ア〜ウから1つずつ選びなさい。

A（　　　　　） B（　　　　　）

C（　　　　　）

ア つりがね型　　イ 富士山型　　ウ つぼ型

点UP ❷経済の発展にともない，国の人口ピラミッドはどのように変化していくか。
グラフA〜Cを古いものから順に並べなさい。

（　　　　→　　　　→　　　　）

❸現在，日本と同じような年齢別の人口構成を示す国を，次のア〜エから
1つ選びなさい。　　　　　　　　　　　　　　　（　　　　　）

ア ガーナ　　イ インド　　ウ タイ　　エ スウェーデン

❹過疎化が進む農村部では，（　　）の人口ピラミッドの人口比の特色をさら
に極端にした人口構成を示す。（　　）にあてはまるグラフをA〜Cから1
つ選びなさい。　　　　　　　　　　　　　　　（　　　　　）

2 世界から見た日本の資源・エネルギー

右の地図を見て，次の問いに答えなさい。

（2010年版『ディルケ世界地図』ほか）

❶次のA〜Cの鉱産資源の分布を，地図
中のア〜エから1つずつ選びなさい。
また，A〜Cのうち，エネルギー源とな
る化石燃料をすべて選びなさい。

A 石炭　（　　　　　）

B 鉄鉱石（　　　　　）

C 石油　（　　　　　）　　化石燃料（　　　　　　　　）

❷地図中のカ〜ケのうち，発電量に占める水力発電の割合が最も高い国を
1つ選びなさい。　　　　　　　　　　　　　　（　　　　　）

❸ウランを燃料とする発電は，日本では2011年の東日本大震災以降，発
電量割合が低下した。この発電を何というか，答えなさい。

（　　　　　　　　　）

ヒント

1 ❶

経済の発展にともない，
本来のピラミッドのよ
うな形は変形していく。

❷

少子高齢化が進行した。

2 ❶

Aは世界各地に広く分
布している。Cはペル
シャ湾沿岸などにかた
よっている。

3章 日本のさまざまな地域

日本の産業と各地の結びつき

解答
別冊 p.10

さくっとマルつけ

H-13

10分

― ☑ 基本をチェック ―

① 世界から見た日本の産業

■ 農業…❶_____率の低下が問題。
> 稲作…東北地方や北陸（「穀倉地帯」）。
> ❷_____農業…野菜などの生長を早める促成栽培，遅らせる抑制栽培。
■ 林業…就業人口が減少し高齢化。
■ 漁業…排他的経済水域による規制などで漁獲量が減少。❸_____漁業や栽培漁業が成長。
■ 日本の工業…北九州・阪神・中京・京浜工業地帯を中心とする太平洋ベルト。
> 原料を輸入して製品を輸出する加工貿易に依存。貿易摩擦を経て工場が海外へ進出。
　　→産業の❺_____化。
■ ❻_____…卸売業や小売業。商店街からスーパーマーケットやコンビニエンスストアへ。
■ サービス業…情報通信技術（ICT）産業が発達。

漁業種類別の漁獲量の変化

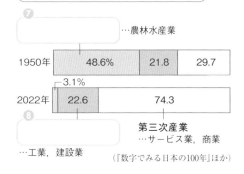

（2023/24年版『日本国勢図会』ほか）

② 世界と日本の結びつき

■ 航空交通…半導体，魚介類・生花などを輸送。
　　❾_____国際空港が最大の貿易額。
■ 海上輸送…自動車や鉱産資源など重量が重いものを輸送。
■ 通信網…海底ケーブルや通信衛星の整備。インターネットや携帯電話。

日本の産業別就業人口割合の推移

❼_____…農林水産業

1950年	48.6%	21.8	29.7

┌3.1%

2022年	22.6	74.3

❽_____…工業，建設業

第三次産業…サービス業，商業

（『数字でみる日本の100年』ほか）

日本の国内貨物輸送量割合

（2023/24年版『日本国勢図会』ほか）

工業地帯・地域の分布

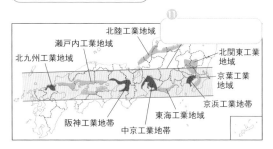

1 世界から見た日本の産業

次の問いに答えなさい。

❶右のグラフ中のA～Dは，次のア～エのいずれかの漁業を示している。A・Dにあてはまる漁業を，ア～エから1つずつ選びなさい。

A（　　　　　）D（　　　　　）

ア 沿岸漁業　　イ 沖合漁業
ウ 遠洋漁業　　エ 海面養殖業

点UP ❷政府は，林業で働きたいという青年を対象に，技術を修得するための研修を行ってきた。その結果，近年の林業従事者数は増えてきた。国が下線部のような事業を行った理由を，簡単に説明しなさい。

（　　　　　　　　　　　　　　　　　　　　　）

❸九州地方と北海道地方で，農業産出額に占める割合が特に高い農業を，次のア～エから1つ選びなさい。（　　　　　）

ア 米　　イ 野菜　　ウ 畜産　　エ 果物

❹日本の経済成長を支えてきた，原料を輸入して製品を輸出する貿易を何というか，答えなさい。（　　　　　）

漁業種類別の漁獲量の変化

(2023/24年版『日本国勢図会』ほか)

ヒント

1 ❷
若い林業従事者を増やすための政策であることが読み取れる。

3章 日本のさまざまな地域

2 世界と日本の結びつき

次の問いに答えなさい。

❶次の説明にあてはまる輸送機関を，右のグラフ中のA～Cから1つずつ選びなさい。

① 運ぶ速度は遅いが，運賃が安い。重い工業製品や鉱産資源を運び，現在も貨物輸送の中心となっている。

② 運ぶ速度が速いが，運賃が高い。鮮度を求められる食料品や軽くて高価な半導体などの輸送に利用されている。

①（　　　　　）②（　　　　　）

❷グラフ中の（　　）は，高速道路やトラックターミナルの整備によって，貨物輸送の中心となった。（　　）にあてはまる輸送機関を答えなさい。

（　　　　　　　　　）

❸インターネットなどによる通信の高速化をもたらしたケーブルを何というか，答えなさい。（　　　　　　　　　）

日本の貨物輸送量割合の変化

			C航空機 0.1未満
1960年度	A鉄道 39.2%	（　　）15.0	B船 45.8
2020年度	4.7%	55.4	39.7　0.1

(2023/24年版『日本国勢図会』ほか)

2 ❶
① ペルシャ湾から石油を輸入する場合，日本まで20日ほどかかる。

❷
宅配便の成長などにより輸送量が増えた。

九州地方

解答
別冊
p.11

さくっと
マルつけ

H-14

─── ☑ 基本をチェック ───

10分

1 ▶ 九州地方の姿

■ **自然**…南西諸島にはさんご礁や ② ＿＿＿＿＿＿＿＿＿。有明海に干潟。阿蘇山には大きな ③ ＿＿＿＿＿＿＿。

■ **結びつき**…福岡空港と ④ ＿＿＿＿＿＿＿ 各国との間に国際線の定期路線。九州新幹線や高速バスを整備。

2 ▶ 九州地方の産業

■ **農業**…筑紫平野で稲作。二毛作も。⑤ ＿＿＿＿＿＿＿ で肉牛・豚・にわとりなどの畜産。宮崎平野で野菜の
⑥ ＿＿＿＿＿＿＿。

■ **工業**…1901年に八幡製鉄所が操業。1960年代にエネルギー源が石炭から石油へ。高速道路や空港の近くに
⑦ ＿＿＿＿＿＿＿（集積回路）, 苅田町や宮若市に自動車工業が進出。

3 ▶ 環境問題・環境保全

■ **北九州市の公害**…1960年代に大気汚染や水質汚濁が進んだ。→環境改善
→エコタウン…「⑧ ＿＿＿＿＿＿＿ な社会」をめざす。

■ **水俣市の公害**…化学工場の廃水が原因で水俣病が発生→環境改善→北九州市などとともに ⑨ ＿＿＿＿＿＿＿ 都市に選定。

(九州地方の自然)

対馬　壱岐　北九州市　宮若市　苅田町　福岡市　筑紫山地　筑紫平野　阿蘇山　五島列島　雲仙岳　奄美大島　水俣市　霧島山　シラス台地　桜島　薩摩半島　大隅半島　沖縄島　宮崎平野　尖閣諸島　宮之浦岳　種子島　宮古島　西表島　石垣島　⑪

(おもな家畜の飼育頭数割合)

⑩

豚

その他 56.7　鹿児島 13.4%　宮崎 8.5　北海道 8.1　群馬 6.8　千葉 6.5　（2022年）

肉牛

その他 47.7　北海道 21.2%　鹿児島 12.9　宮崎 9.7　岩手 3.4　熊本 5.1

にわとり（肉用）

その他 35.3　鹿児島 20.2%　宮崎 19.8　岩手 15.2　青森 5.8　北海道 3.7

(2023年版『データでみる県勢』)

(九州地方の工業)

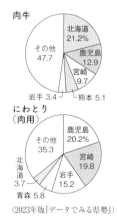

○ 自動車組み立て工場
◆ おもな自動車関連工場
■ IC工場
── 高速道路・自動車専用道路

(北九州工業地域の出荷額割合の変化)

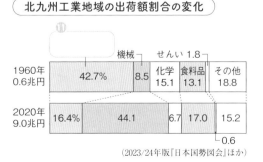

	⑪	機械		化学	食料品	せんい 1.8	その他
1960年 0.6兆円		42.7%	8.5	15.1	13.1		18.8
2020年 9.0兆円	16.4%	44.1		6.7	17.0	0.6	15.2

(2023/24年版『日本国勢図会』ほか)

10点アップ！↗

10分 🕐

1 九州地方の姿

右の地図を見て，次の問いに答えなさい。

❶ 地図中のAの海には干潟（ひがた）が広がっている。Aの海を何というか，答えなさい。　　　　　　（　　　　　　　）

❷ 九州地方には火山が多い。雲仙岳（うんぜんだけ）を示したものを，地図中のア〜エから1つ選びなさい。　　　　（　　　　　　　）

❸ 韓国（かんこく）との間に定期船が通じるなどアジア各国との行き来が活発で，九州地方の政治・経済の中心となっている県を，地図中のa〜dから1つ選び，記号と県名を答えなさい。

記号（　　　　）県名（　　　　　　　）

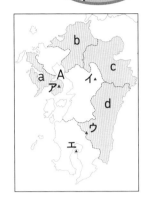

ヒント

1 ❸

九州新幹線の起点となる駅がある。

2 九州地方の産業と環境保全

右の地図を見て，次の問いに答えなさい。

❶ 官営（かんえい）の八幡製鉄所（やはた）を中心に製鉄業が発達した，地図中のAの都市名を答えなさい。

（　　　　　　　）

❷ 地図中の（　　）にあてはまる工業製品を，次のア〜エから1つ選びなさい。　　　　（　　　　　　　）

ア ゴム　　　　イ 自動車

ウ せんい　　　エ パルプ

❸ 地図中のIC（集積回路）の工場は，□□□□の近くに分布している。□□□□にあてはまる語句を地図中から選んで答えなさい。　　　　　　（　　　　　　　）

点UP▶ ❹ 地図中の▨▨▨は火山灰が積もってできた台地で，やせて水もちが悪い土壌（どじょう）が広がっている。この地域でさかんな農業を，次のア〜エから2つ選びなさい。　　　　（　　　　）（　　　　）

ア さつまいもなどの畑作（はたさく）　　イ 稲作（いなさく）

ウ 果樹栽培（さいばい）　　　　　　　エ 畜産（ちくさん）

❺ 地図中のBの都市とCの島で行われてきた環境（かんきょう）保全の取り組みを，次のア〜エから1つずつ選びなさい。

ア 土壌流出の防止　　　イ 貯水施設（しせつ）の整備

ウ 汚染（おせん）された泥（どろ）の除去　　エ 屋上緑化

B（　　　　　　）C（　　　　　　）

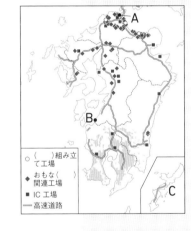

○（　　）組み立て工場
◆ おもな（　　）関連工場
■ IC工場
── 高速道路

2 ❸

製品の重量や価格の面から考えてみる。

❹

「水もちが悪い」とは，水が地下へ流れてしまって水がたまりにくいことを意味する。

4章 日本の諸地域

中国・四国地方

解答
別冊
p.11

H-15

基本をチェック

10分

1 中国・四国地方の姿

■ 自然…瀬戸内は中国山地と ❷＿＿＿＿＿＿＿＿＿にはさまれているため，季節風がさえぎられ降水量が少ない。讃岐平野にはかんがい用に ❸＿＿＿＿＿。

2 中国・四国地方の産業

■ 農業…高知平野でピーマンなどの ❹＿＿＿＿＿＿＿。鳥取砂丘でらっきょうやメロンを栽培。

■ 漁業…広島県でかき，愛媛県でぶり・たいを養殖。

■ 工業…瀬戸内海沿岸に ❻＿＿＿＿＿工業地域が成立。❼＿＿＿＿市や周南市に，関連する工場をパイプラインで結んだ石油化学コンビナート。

3 都市と農村の変化

■ 都市…広島市は第二次世界大戦では ❾＿＿＿＿＿＿＿＿による被害。戦後は復興し，地方中枢都市に。

■ 農村…山間部と離島で若者が流出し，人口減少と高齢化が進む ❿＿＿＿＿＿化。
  →町おこし・村おこし

■ 交通網の整備…瀬戸大橋をはじめとする本州四国連絡橋の整備で，四国から本州への買い物客が増加。

中国・四国地方の自然

おもな農作物の生産量割合

❺

	和歌山 19.7%	愛媛 17.1	静岡 13.3	熊本 12.0	6.9	その他 31.0

長崎

ピーマン	茨城 22.5%	宮崎 18.0	9.0	8.8	その他 35.8

鹿児島　高知　岩手 5.9

なす	高知 13.2%	熊本 11.2	9.2	その他 54.3

群馬　福岡 6.0　茨城 6.1

（2021年）　（2023年版『データでみる県勢』）

瀬戸内工業地域の工業生産額割合の変化

❽

	金属	機械		食料品		せんい	その他
1960年 1.2兆円	14.1%	21.6	27.3		10.8	10.3	15.9
2020年 28.0兆円	18.2%	34.6	20.0	8.7			16.3

2.2

（2023/24年版『日本国勢図会』ほか）

中国・四国地方の交通網

✈空港　―JR線　━━新幹線
━━高速道路

1 中国・四国地方の姿と産業

右の地図を見て，次の問いに答えなさい。

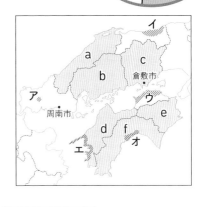

❶ 次の説明にあてはまる地域を，地図中の**ア〜オ**から１つず
つ選びなさい。

① 潮の干満を利用して，かつて塩田がつくられた。

② 砂地でらっきょうやメロンが栽培されている。

③ ビニールハウスでなすが栽培されている。

④ 段々畑でみかんが栽培されている。

① (　　　　　) ② (　　　　　)

③ (　　　　　) ④ (　　　　　)

❷ 地図中の周南市や倉敷市で見られる，関連する工
場がパイプラインで結ばれたしくみを何というか，
答えなさい。

(　　　　　　　　　　　)

養殖による生産量割合

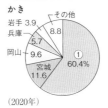

かき
岩手 3.9
兵庫
5.7
岡山 9.6
宮城
11.6
その他 8.8
① 60.4%

(2020年)

たい（まだい）
長崎 3.9
三重
5.4
高知 9.0
熊本
13.4
その他 10.3
② 58.0%

(2023年版『データでみる県勢』)

❸ 右のグラフ中のかき・たいの養殖がさかんな①・②
の県を，地図中の**a〜f**から１つずつ選びなさい。

① (　　　　　) ② (　　　　　)

2 中国・四国地方の都市と農村

右の地図を見て，次の問いに答えなさい。

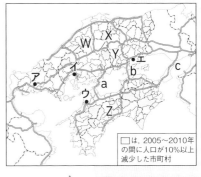

❶ 中国・四国地方の地方中枢都市を，地図中の**ア〜エ**から
１つ選びなさい。 (　　　　　)

❷ 地図中の**a〜c**は，本州四国連絡橋を示している。この
うち，瀬戸大橋にあたるルートを１つ選びなさい。

(　　　　　)

❸ 本州四国連絡橋の開通で，商店街の売り上げが減ってし
まったのは中国地方，四国地方のどちら側か。答えなさ
い。 (　　　　　)

❹ 地図中の**W〜Z**から，中国自動車道を１つ選びなさい。 (　　　　　)

点UP ❺ 地図中の□□□の市町村に共通する問題点として**あてはまらないもの**を，
次の**ア〜エ**から１つ選びなさい。 (　　　　　)

ア 過疎 イ 限界集落の増加

ウ 耕作放棄地の拡大 エ 公害問題

□は，2005〜2010年
の間に人口が10％以上
減少した市町村

ヒント

1 ❶
① 塩田は雨が少なく
日照時間が多い気候の
地域につくられた。

2 ❸
人の流れが大都市へ，
すいよせられていく傾
向がある。

近畿地方

☑ 基本をチェック

10分

1 近畿地方の姿

■ **自然**…南部は南東の季節風や黒潮(日本海流)の影響で，**夏の降水量は日本の中でも特に多い。** ❷＿＿＿＿＿＿＿湾と志摩半島にリアス海岸。

近畿地方の自然

2 近畿地方の産業

■ **工業**…大阪湾の臨海部に ❸＿＿＿＿＿＿＿工業地帯が成立。東大阪市や泉州地域に機械の部品などをつくる小規模な ❹＿＿＿＿＿＿＿工場が集まる。

> 伝統産業…京都市の**清水焼・西陣織**，堺市の刃物などの ❺＿＿＿＿＿＿＿工芸品が，**地場産業**として根づく。

■ **商業**…大阪に，❻＿＿＿＿＿業の問屋が集まる。

■ **農林業**…九条ねぎ・賀茂なすなどの ❼＿＿＿＿＿＿＿農業。紀伊山地で**吉野すぎ・尾鷲ひのき**などの木材を生産。

近畿地方の工業

3 都市の発展と環境保全

■ **大阪大都市圏**(**京阪神大都市圏**)…大阪市・神戸市・京都市を中心に広がる。

> ニュータウン…千里・泉北などに住宅団地。

> 神戸市…ポートアイランドを建設。

> 歴史的な街並み…平城京があった奈良市，平安京があった ❾＿＿＿＿＿市で景観を保全。

■ ❿＿＿＿＿＿＿湖の水の利用…大阪大都市圏の生活用水を供給。赤潮が発生したため，環境改善のための条例を制定。

阪神工業地帯の工業生産額割合

	⑪	機械 39.7	化学 15.8	食料品 11.6	その他 12.6
2020年 32.5兆円	19.0%				

せんい 1.3

(2023/24年版『日本国勢図会』ほか)

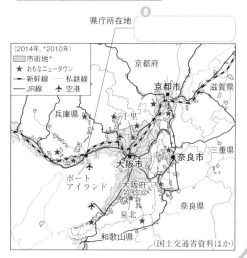
近畿地方の市街地と交通網

(2014年，*2010年)
市街地*
★ おもなニュータウン
✈ 新幹線　私鉄線
JR線　✈ 空港

県庁所在地 ⑧

(国土交通省資料ほか)

10分

1 近畿地方の姿と産業

右の地図を見て，次の問いに答えなさい。

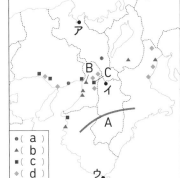

❶ 右のグラフの気候を示す地点を，地図中の
ア～ウから1つ選びなさい。

（　　　　　）

❷ 地図中のAの山地で生産される木材を，次
のア～エから1つ選びなさい。

（　　　　　）

ア　秋田すぎ　　イ　吉野すぎ
ウ　青森ひば　　エ　木曽ひのき

点UP ❸ 地図中のa～dは，機械・金属・化学・食料品のいずれかの工業の分布を
示している。機械・金属にあてはまるものを，1つずつ選びなさい。

機械（　　　　　）　金属（　　　　　）

❹ 地図中のBの都市に集中している，問屋などの商業を何というか，答え
なさい。

（　　　　　）

❺ 地図中のCで示した東大阪市では，工業にどのような特色が見られるか。
工場の規模の面から簡単に説明しなさい。

（　　　　　　　　　　　　　　　　　　　　）

2 都市の発展と環境保全

右の地図を見て，次の問いに答えなさい。

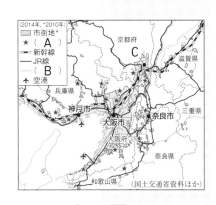

❶ 地図中のAにあてはまる，郊外につくられた大規模な住
宅団地を何というか，答えなさい。

（　　　　　　　　　　）

❷ 地図中の□□□は，おもに地図中に走る（ B ）（民間の
鉄道会社）による開発で拡大していった。
（ B ）にあてはまる語句を答えなさい。

（　　　　　　　　　）

❸ 地図中の□□□を中心に広がる（ ① ）大都市圏の生活用水は，おもに
（ ② ）湖の水から供給されている。①・②にあてはまる語句をそれぞれ
答えなさい。　　　①（　　　　　）　②（　　　　　）

❹ 地図中のCの都市に見られる，伝統的な低層の木造住宅を何というか，
答えなさい。

（　　　　　）

ヒント

1 ❶
太平洋側の気候を示している。

❹
小売店へ商品をおろす業者である。

2 ❶
住民の高齢化が進み，「オールドタウン」化している。

❷
ターミナル駅を中心に，郊外へのびている。

4章 | 日本の諸地域

中部地方

解答

別冊
p.13

さくっと
マルつけ

H-17

☑ 基本をチェック

10分

① 中部地方の姿

■ **自然**…北西の季節風の影響で北陸は冬に降水量が多く，**大雪による雪害**が起こる。中央高地は夏と冬の気温差が大きく，1年を通して降水量が少ない。中央高地に

② ＿＿＿＿＿＿＿＿とよばれる**飛騨・木曽・赤石山脈**がそびえる。③ ＿＿＿＿＿＿＿平野には，洪水から集落や耕地を守るため，**輪中**がつくられた。

② 中部地方の産業

■ **工業**…中京工業地帯では，④ ＿＿＿＿＿市の**自動車**，四日市市の**石油化学**，東海市の**製鉄**。⑤工業地域では，浜松市の**オートバイ**，富士市の**パルプ・製紙**，駿河湾沿いの**食品・水産加工業**など。

■ **地場産業**…⑥ ＿＿＿＿＿市の**眼鏡フレーム**など。

■ **農業**…渥美半島で⑧ ＿＿＿＿＿園芸農業。牧ノ原で**茶**の栽培。**野辺山原**で**レタス**などの

⑨ ＿＿＿＿＿栽培。北陸で⑩ ＿＿＿＿＿単作。

③ 中部地方の結びつき

■ **名古屋大都市圏**…名古屋市を中心に⑪ ＿＿＿＿＿＿新幹線，**東名・名神高速道路**などがのびる。

■ **中央高地の観光地**…上高地で自動車乗り入れを規制。

中京工業地帯・⑤工業地域の工業生産額割合

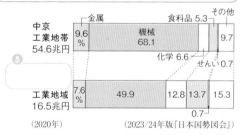

	金属	機械		食料品 5.3	その他
中京工業地帯 54.6兆円	9.6%	68.1			9.7

化学 6.6 　せんい 0.7

⑤					
工業地域 16.5兆円	7.6%	49.9	12.8	13.7	15.3

0.7

（2020年）　　　　　（2023/24年版『日本国勢図会』）

北陸の地場産業・伝統産業

おもな農作物の生産量割合

⑫ ＿＿＿＿＿

レタス
- 長野 32.7%
- 茨城 15.9
- 群馬 10.0
- 長崎 6.4
- 兵庫 4.7
- その他 30.3

ぶどう
- 山梨 24.6%
- 長野 17.4
- 岡山 9.1
- 山形 8.8
- 福岡 4.2
- その他 35.9

菊
- 愛知 34.4%
- 沖縄 18.0
- 福岡 6.0
- 鹿児島 5.1
- 長崎 3.8
- その他 32.7

（茶）
- 静岡 38.0%
- 鹿児島 33.9
- 三重 6.9
- 宮崎 3.9
- 京都 3.1
- その他 14.2

（2021年）　　　　　　　　　（2023年版『データでみる県勢』）

1 中部地方の姿

右の地図を見て，次の問いに答えなさい。

❶ 地図中のAの地域を流れる，日本最長の川を何というか，答えなさい。
（　　　　　　　）

❷ 地図中のBの地域の気候の特色を，次のア～ウから1つ選びなさい。
（　　　　　　　）

　ア　夏と冬の気温差が大きい。

　イ　温暖で夏の降水量が多い。

　ウ　冬の降水量が特に多く，雪害も起こる。

❸ 地図中のCを流れる木曽・長良・揖斐川下流には，洪水から集落を守るため堤防で囲んだ地域がつくられてきた。この地域を何というか，答えなさい。
（　　　　　　　）

A 北陸
B 中央高地
C 東海

ヒント

1 ❷
降水量に影響をあたえる季節風は，冬は北西から，夏は南東からふく。

2 中部地方の産業と結びつき

右の地図を見て，次の問いに答えなさい。

❶ 地図中のA～Eの都市でさかんな工業を，次のア～カから1つずつ選びなさい。

A（　　　　）　B（　　　　）　C（　　　　）
D（　　　　）　E（　　　　）

ア　パルプ・紙　　イ　漆器　　ウ　自動車
エ　楽器　　　　オ　刃物　　カ　電子機器

❷ 右のグラフは，レタスの生産量割合を示している。Xにあてはまる県を，地図中のア～エから1つ選びなさい。また，Xの県でレタスがおもに栽培される時期を，次のア～ウから1つ選びなさい。

県（　　　　）　時期（　　　　）

ア　冬　　イ　春　　ウ　夏

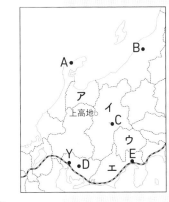
上高地
A
B
ア
イ
・C
ウ
Y
・D
エ
E

その他 30.3
X 32.7%
兵庫 4.7
6.4
10.0
茨城 15.9
長崎　群馬（2021年）
（2023年版『データでみる県勢』）

❸ 新幹線や高速道路が通る交通の拠点で，大都市圏の中心となっている地図中のYの都市名を答えなさい。
（　　　　　　　）

点UP ❹ 地図中の上高地で，環境保全のために行われていることを，次のア～エから1つ選びなさい。
（　　　　　　　）

　ア　ヨシ群落を復元している。　　イ　屋上緑化を進めている。

　ウ　バイオマス資源から有機肥料をつくっている。

　エ　自動車の乗り入れを規制している。

2 ❷
Xの県のレタス生産地は，菅平や野辺山原などの高原。

❹
排出ガスを減らすための取り組み。

4章　日本の諸地域

関東地方

解答 別冊 p.14　さくっとマルつけ   H-18

☑ 基本をチェック

10分

1 関東地方の姿

■ **自然**…内陸部に北西からの❷＿＿＿＿＿＿＿＿＿。**関東平野**に，流域面積が最大の**利根川**が流れる。❸＿＿＿＿＿＿＿＿＿という赤土におおわれた台地が広がる。

■ **都市**…東京都の中心部でヒートアイランド現象。

関東地方の自然

2 関東地方の産業

■ **工業**…❹＿＿＿＿＿＿工業地帯は**機械**が中心で，**印刷業**もさかん。❺＿＿＿＿＿＿工業地域は**化学**や**金属**が中心。北関東工業地域に**機械・食料品**などの工業団地。

■ **農業**…東京都の周辺の県で❼＿＿＿＿＿＿＿農業。**嬬恋村**（群馬県）では**キャベツ**などの**高原野菜**。

■ **サービス業**…放送業・出版業・情報通信技術（❽＿＿＿＿＿＿）産業→**大量の情報**が集まる。

関東地方の工業地帯・地域の工業生産額割合

❻＿＿＿＿＿＿

	金属		化学	食料品	せんい 0.5	その他
京浜工業地帯 23.1兆円	8.7%	47.2		化学 17.0	12.2		14.4
京葉工業地域 12.0兆円	20.6%	12.0	40.2		16.7	10.3
北関東工業地域 28.4兆円	14.2%	41.5	11.1	0.6 16.7	0.2	15.9

（2020年）　　　　　　　（2023/24年版『日本国勢図会』）

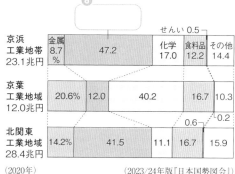

3 東京の人口と各地の結びつき

■ **東京大都市圏**…総人口の約４分の１が集まる。

■ **市街地の拡大**…ニュータウンを建設。ドーナツ化現象→都心❾＿＿＿＿＿＿現象。

■ **再開発**…臨海副都心（東京都），みなとみらい21（神奈川県），❿＿＿＿＿＿＿＿＿（埼玉県）。

成田国際空港と横浜港の輸出品

半導体等製造装置

成田国際空港 12.8兆円	9.1%	5.8	5.6	集積回路 3.9 電気計測機器 3.8	その他 71.8

科学光学機器　　　金（非貨幣用）

横浜港 7.2兆円	自動車 16.8%	5.2	内燃機関 4.4 金属加工機械 2.7	その他 66.4

自動車部品　　プラスチック 4.5

（2021年）　　　　　　　（2023/24年版『日本国勢図会』）

東京大都市圏の交通網

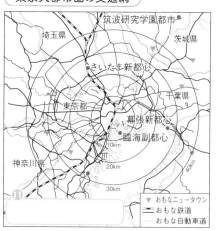

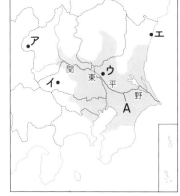

1 関東地方の姿と産業

右の地図を見て，次の問いに答えなさい。

❶ 流域面積が日本最大の地図中のAの川を何というか，答えなさい。（　　　　　）

❷ 地図中の関東平野に広がる，火山灰が積もってできた赤土を何というか，答えなさい。

（　　　　　）

❸ キャベツの輸送園芸農業が行われている嬬恋村を，地図中のア～エから1つ選びなさい。

（　　　　　）

点UP ❹ 右のグラフ中のア～エから，化学工業にあたるものを1つ選びなさい。

（　　　　　）

❺ 右のグラフ中の北関東工業地域では，工場を計画的に集めた地域が見られる。このような地域を何というか，答えなさい。（　　　　　）

京葉 工業地域 12.0兆円	ア 20.6%	イ 12.0	ウ 40.2	エ 16.7	せんい 0.2 その他 10.3

北関東 工業地域 28.4兆円	14.2%	41.5	11.1	0.6 16.7	15.9

（2020年）　　　（2023/24年版『日本国勢図会』）

*ア～エは，機械・化学・金属・食料品のいずれかの工業を示している。

ヒント

1 ❹

重くて大型な物は，航空輸送に適さない。

2 東京の人口と各地の結びつき

右の地図を見て，次の問いに答えなさい。

❶ 地図中に▼で示した大規模な住宅団地を何というか，答えなさい。

（　　　　　）

❷ 地図中のア～エのうち，筑波研究学園都市を1つ選びなさい。（　　　　　）

❸ 地図中の大都市圏では，◯の円の中心部へ行くほど夜間人口より昼間人口の方が多くなる。その理由を簡単に説明しなさい。

（　　　　　　　　　　　　　　　　　　　　　）

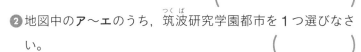

12.8兆円	9.1%	5.8	5.6	半導体等製造装置 （　　　）3.9 電気計測機器 3.8	その他 71.8

科学光学機器　　金（非貨幣用）

（2021年）　　（2023/24年版『日本国勢図会』）

❹ 右のグラフは，地図中に✈で示した空港の輸出品を示している。この空港名を答えなさい。また，（　　）にあてはまる輸出品を，次のア～エから1つ選びなさい。

空港（　　　　　　　　）　輸出品（　　　　　）

ア 鉄鉱石　　イ IC（集積回路）　　ウ 衣類　　エ 石油

2 ❸

東京都東部には多くの企業や官庁が集まり，郊外から多くの人々が鉄道を利用して通勤している。

4章 日本の諸地域

東北地方

解答
別冊 p.15

さくっとマルつけ

H-19

10分

☑ 基本をチェック

1 東北地方の姿

■ **自然**…太平洋側は，夏に ❷＿＿＿＿＿＿＿＿＿ という北東の冷たい風がふくと冷害が起こる。**三陸海岸**の南部は**リアス海岸**。

■ ❸＿＿＿＿＿＿＿ **大震災の影響**…太平洋沖に南北にのびる日本海溝で2011年に巨大な地震が発生。

> ❹＿＿＿＿＿＿＿＿ …沿岸部の建物を破壊し，内陸部まで浸水。

> 福島第一 ❺＿＿＿＿＿ **発電所**…原子炉が損傷し放射性物質を大量に放出。多くの住民が避難を強いられた。

2 東北地方の産業

■ **農業**…あきたこまち(秋田県)など ❻＿＿＿＿＿＿＿ を開発。津軽平野でりんご，山形盆地でさくらんぼ，福島盆地で ❼＿＿＿＿＿ を栽培。

■ **林業**…**青森ひば**，**秋田すぎ**などの高級木材を生産。

■ **漁業**…三陸海岸沖に**親潮(千島海流)**と**黒潮(日本海流)**がぶつかる ❽＿＿＿＿＿。

■ **工業**…東北自動車道の開通で電気機械・自動車部品などの工場進出。

■ **伝統産業**…冬の農家の副業として発達。

東北地方の自然

3 東北地方の文化

■ **民俗行事**…❿＿＿＿＿＿＿＿ 祭(青森市)，**七夕まつり**(仙台市)，**竿燈まつり**(秋田市)。

■ **伝統芸能**…**早池峰神楽**などがユネスコの無形文化遺産。

■ **家畜と暮らし**…岩手県の**南部曲家**。

東北地方の伝統的工芸品

おもな農作物の生産量割合

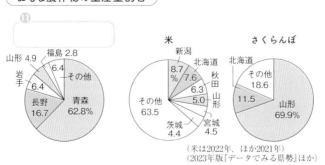

(米は2022年，ほか2021年)
(2023年版『データでみる県勢』ほか)

10分

1 東北地方の姿と産業

右の地図を見て，次の問いに答えなさい。

❶ 地図中に示された，国から指定を受けた伝統工芸の製品を何というか，答えなさい。（　　　　　　）

❷ 地図中の桶樽・たんす・こけしなどの工芸品を見ると，東北地方の工芸品は，地元の（　　）資源を利用して発展したことがわかる。（　　）にあてはまる語句を答えなさい。（　　　　　　）

❸ 地図中の**ア**〜**エ**から，やませの風向きを示すものを１つ選びなさい。（　　　　　　）

❹ 地図中の———で示した高速道路を何というか，答えなさい。また，この沿線に進出してきたおもな工場を，次の**ア**〜**ウ**から１つ選びなさい。

高速道路（　　　　　　）工場（　　　　）

ア 電気機械　　**イ** 石油化学　　**ウ** パルプ・紙

❺ 地図中の**A**の地域に見られる複雑な海岸地形を何というか，答えなさい。（　　　　　　）

❻ 明治・昭和時代の津波を経て，地図中の**B**の都市でつくられた右上の……の石碑文はどんな注意をうながしているか，説明しなさい。

（　　　　　　　　　　　　　　　　　　　）

津軽塗○
大館曲げわっぱ○
秋田杉桶樽○　○浄法寺塗
樺細工○　○南部鉄器　●B
川連漆器○　○岩屋堂たんす　A
羽越しな布○　○鳴子漆器
山形仏壇○　天童将棋駒○　○雄勝すずり
山形鋳物○　○仙台たんす
置賜つむぎ○　○宮城伝統こけし
奥会津編み組細工○
○会津塗
会津本郷焼○　○大堀相馬焼

此処より下に
家を建てるな

ヒント

1 ❸
東北地方の太平洋側に冷害をもたらすことが多い。

❹
組み立て型の工業である。

2 東北地方の文化

東北地方の伝統文化について分類した右の表を見て，次の問いに答えなさい。

点UP ❶ 表中の**A**〜**D**のうち，次の①・②にあてはまるものを１つずつ選びなさい。

① 東北三大祭り

② ユネスコの無形文化遺産

①（　　　　）②（　　　　）

❷ 岩手県の馬を飼育する民家には，居間と馬屋がＬ字型につながったつくりが見られる。このつくりを何というか，答えなさい。

（　　　　　　　）

A	大日堂舞楽（鹿角市），早池峰神楽（花巻市），秋保の田植踊（仙台市）
B	なまはげ（男鹿半島），黒川能（庄内地方），相馬野馬追（相馬市）など
C	角館の武家屋敷（仙北市），こみせ（黒石市），大内宿の宿場町（下郷町）など
D	ねぶた祭（青森市），七夕まつり（仙台市），竿燈まつり（秋田市）

＊Aの3つはすべてBにも登録されている。

2 ❷
農耕用・軍用として馬が飼育されてきた。

北海道地方

解答
別冊
p.15

 さくっと マルつけ

H-20

☑ 基本をチェック

⏱ 10分 ✓

① 北海道地方の姿

■ **自然**…南東の季節風と寒流の**親潮（千島海流）**の影響で

②＿＿＿＿＿が発生。オホーツク海沿岸に

③＿＿＿＿＿。十勝平野や根釧台地に**火山灰**。

■ **開拓の歴史**…明治政府が**開拓使**をおき，**屯田兵**による開

発→④＿＿＿＿＿の人々は土地をうばわれた。

② 北海道地方の産業

■ **農業**…広大な土地を生かした大規模な生産。

⑤＿＿＿＿＿平野で泥炭地の土地改良。**十勝平野**で

じゃがいも・あずきなどの⑥＿＿＿＿＿。**根釧台地**

で⑦＿＿＿＿＿。

■ **漁業**…**排他的経済水域**の実施で北洋漁業はおとろえ，

⑧＿＿＿＿＿漁業，**養殖漁業**がさかんに。

■ **工業・エネルギー**…**食料品工業**が中心。強風がふく

日本海側で**風力発電**（再生可能エネルギー）。

■ **観光業**…⑨＿＿＿＿＿市は計画的につくられた**碁盤**の

目状の街路をもち，**雪まつり**が多くの観光客を集める。

生態系を守りながら観光を行う

⑩＿＿＿＿＿

北海道地方の自然

北海道と都府県の 農家1戸あたりの耕地面積

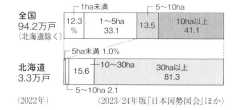

(2022年)　(2023/24年版『日本国勢図会』ほか)

おもな漁港の水あげ量

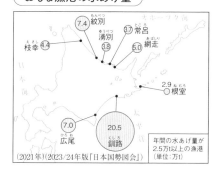

(2021年)(2023/24年版『日本国勢図会』)

おもな農産物・畜産品の生産割合

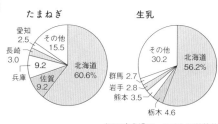

(2021年)

(2023年版『データでみる県勢』)

10点アップ！ ↗ 〔10分〕 ✓

1 北海道地方の姿

右の地図を見て，次の問いに答えなさい。

❶ 地図中の ▨ の地域に濃霧（のうむ）をもたらす原因を，次の
ア〜エから2つ選びなさい。

（　　　　）（　　　　）

ア 南東の季節風　　イ 梅雨（つゆ）
ウ 親潮（おやしお）（千島海流（ちしま））　エ 黒潮（くろしお）（日本海流）

点UP ❷ 地図中の ▭ は，どのような地域を表しているか。
次のア〜エから1つ選びなさい。　（　　　　）

ア 1月の日照時間が120時間以上

イ 1年の最深積雪量が20cm未満

ウ 8月の平均気温が20℃以上

エ 人口密度が50人/km² 未満

❸ 地図中のア〜エから，有珠山（うすざん）を選びなさい。　（　　　　）

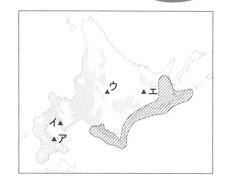

〔 ヒ ン ト 〕

1 ❷
南北にのびる山脈や山
地を境に，東西で気
候が異なっている。

2 北海道地方の産業

右の地図を見て，次の問いに答えなさい。

❶ 地図中のAの平野，Bの台地名をそれぞれ答えなさい。

A（　　　　　　）
B（　　　　　　）

❷ 地図中のBで飼育がさかんな家畜（かちく）を，次のア〜ウから
1つ選びなさい。　（　　　　）

ア 豚（ぶた）　イ 乳牛　ウ にわとり

❸ 右のグラフは，北海道の農家の1戸あたり耕地面積を
全国と比べたものである。グラフから読み取れる北海
道の農業の特色を，簡単に説明しなさい。

（　　　　　　　　　　　　　　　　　　　　　　　　　）

❹ 地図中の ◯ は，どのような統計の大きさを示しているか，次のア〜ウ
から1つ選びなさい。　（　　　　）

ア 人口　イ 工業生産額　ウ 水あげ量

❺ 世界自然遺産に登録された知床（しれとこ）を，地図中のア〜エから1つ選びなさい。

（　　　　）

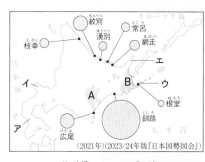

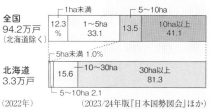

全国 94.2万戸 （北海道除く）	1ha未満		5〜10ha	
	12.3%	1〜5ha 33.1	13.5	10ha以上 41.1

北海道 3.3万戸	5ha未満 1.0%			
	15.6	10〜30ha	30ha以上 81.3	
	5〜10ha 2.1			

（2022年）　（2023/24年版『日本国勢図会』ほか）

2 ❸
北アメリカ州の単元で
学習したアメリカの農
業の特色と共通する。

4 章 — 日本の諸地域

重要用語のまとめ

1章　世界と日本の姿

☐ ユーラシア大陸	西部はヨーロッパ州，東部はアジア州からなる世界最大の大陸。
☐ 太平洋	北アメリカ州やオセアニア州の国々が面する，世界最大の海洋。
☐ 赤道	アフリカ州の中央部，南アメリカ州の北部などを通る0度の緯線。
☐ 内陸国	モンゴル・スイスなどのように海に面していない国。
☐ 本初子午線	世界の標準時の基準とされている，0度の経線。
☐ 排他的経済水域	海岸線から200海里までの海のうち，領海を除く部分。
☐ 中部地方	7地方区分のうち，東海・中央高地・北陸からなる地方。
☐ イヌイット	カリブー（トナカイ）の狩りなどを行っているカナダ北部の先住民。
☐ タイガ	冷帯（亜寒帯）に広がる針葉樹林帯。
☐ オアシス	砂漠気候の中でもわき水があり，農業が行われている地域。
☐ 地中海性気候	温帯のうち，夏に暑く乾燥し，冬に降水量が多くなる気候。
☐ キリスト教	イエスが開き，現在はヨーロッパ・オセアニアなどで信者が多い宗教。

2章　世界の諸地域

☐ 経済特区	税金を安くするなどして外国企業の誘致をはかった中国南部の5地区。
☐ アジアNIES	工業化をなしとげた韓国・台湾・ホンコン・シンガポール。
☐ ASEAN	東南アジア10か国が加盟している東南アジア諸国連合の略称。

☐ ペルシャ湾	サウジアラビア・クウェート・イラクなどの石油産出国が面する湾。
☐ ユーロ	EU（ヨーロッパ連合）が導入した共通通貨。
☐ 酪農	乳牛を飼育して乳製品を生産する農業。
☐ 酸性雨	工場などから出た酸化物をふくむ強い酸性の雨。
☐ プランテーション	カカオ・コーヒーなどの熱帯産の輸出向け作物を栽培する大規模農園。
☐ レアメタル（希少金属）	地球上にある量が少なかったり，取り出すことが難しかったりする金属。
☐ スラム	大都市やその周辺に広がる，低所得層が住む環境の悪い地区。
☐ 適地適作	自然条件や社会条件に適した農作物を栽培する農業。
☐ サンベルト	アメリカの北緯37度以南の，先端技術産業の発達した工業地域。
☐ ヒスパニック	中・南アメリカからアメリカ合衆国へ移住したスペイン語を話す人々。
☐ パンパ	ラプラタ川周辺地域に広がる，小麦栽培や牧畜がさかんな平原。
☐ 焼畑農業	アマゾン川流域で行われてきた，森林を焼いた灰を肥料とする農業。
☐ バイオ燃料（バイオエタノール）	さとうきびやとうもろこしを原料とする燃料。
☐ アボリジニ	オーストラリアの先住民。
☐ 白豪主義	オーストラリアが廃止した，ヨーロッパ系以外の移民を制限する政策。

3章　日本のさまざまな地域

☐ 縮尺（しゅくしゃく）	実際の距離を地図上に縮めた割合。	
☐ リアス海岸	三陸海岸南部などに見られる，出入りの複雑な海岸地形。	
☐ 黒潮（くろしお）（日本海流）	日本列島の太平洋岸を北上する暖流。	
☐ 季節風（モンスーン）	日本では夏に南東から，冬に北西からふく風。	
☐ 梅雨（つゆ）	5〜7月の雨の日が多くなる時期。	
☐ ハザードマップ	自然災害の被害予測や避難場所を示した地図。	
☐ 少子高齢化（こうれい）	子どもの数が減るとともに，高齢者の数が増える現象。	
☐ 過疎（かそ）	人口が過度に減少し，地域社会の維持が難しくなる現象。	
☐ 再生可能エネルギー	くり返し利用できるエネルギー。	
☐ 養殖業（ようしょく）	つくり育てる漁業のうち，人工のいけすなどで魚介類を育てる漁業。	
☐ 産業の空洞化（くうどう）	工場の海外進出が増えた結果，国内の工業がおとろえること。	
☐ 第三次産業	3つの産業分類のうち，商業やサービス業がふくまれる産業。	
☐ 成田国際空港（なりた）	日本最大の貿易額をあげる，千葉県にある空港。	

4章　日本の諸地域

☐ カルデラ	阿蘇山（あそさん）などにみられる，噴火（ふんか）後の火山にできた大きなくぼ地。	
☐ シラス台地	水もちが悪いため畑作や畜産（ちくさん）がさかんになった，九州南部の台地。	

☐ 環境モデル都市	北九州市・水俣市（みなまた）などの，温室効果ガス（こうか）の削減（さくげん）などに取り組む都市。	
☐ ため池	讃岐平野（さぬき）などに多くみられる，かんがい用の水を蓄えたところ。	
☐ 石油化学コンビナート	倉敷市（くらしき）などにみられる，関連する工場をパイプラインで結んだ施設。	
☐ 瀬戸大橋（せとおおはし）	本州四国連絡橋（ほんしゅうしこくれんらくきょう）のうち，岡山県と香川県を結ぶ橋。	
☐ 阪神工業地帯（はんしん）	大阪湾（わん）の臨海部を中心に発達した工業地帯。	
☐ 京都市	かつて平安京（へいあんきょう）が置かれ，現在は歴史的景観の保存が行われている都市。	
☐ 琵琶湖（びわこ）	大阪大都市圏（けん）の生活用水を供給している，日本最大の湖。	
☐ 木曽山脈（きそ）	飛驒山脈（ひだ）・赤石山脈（あかいし）とともに日本アルプスをなすけわしい山脈。	
☐ 豊田市（とよた）	自動車工業がさかんで，中京工業（ちゅうきょう）地帯の中心となっている都市。	
☐ 抑制栽培（よくせい）	野辺山原（のべやまはら）のレタスなど，出荷時期（しゅっか）を遅らせる栽培方法（さいばい）。	
☐ 関東ローム	富士山（ふじさん）などの火山灰が堆積（たいせき）してできた赤土。	
☐ 近郊農業（きんこう）	大都市の近くで栽培した野菜などを，新鮮（しんせん）なまま市場へ出荷する農業。	
☐ ニュータウン	1960年代から大阪や東京の郊外（こうがい）につくられた，大規模な住宅団地。	
☐ やませ	東北地方の太平洋岸に冷害をもたらす，冷たい北東の風。	
☐ 津波（つなみ）	海底の地震（じしん）によって海面が盛り上がり，海岸に大きな波となって押し（おし）寄せる自然災害。	
☐ アイヌの人々	明治（めいじ）時代以降の開拓（かいたく）で土地をうばわれた，北海道の先住民。	
☐ 石狩平野（いしかり）	泥炭地（でいたんち）の土地改良で稲作（いなさく）がさかんになった，札幌市（さっぽろ）のある平野。	

□ 執筆協力　菊地聡

□ 編集協力　㈱カルチャー・プロ　小南路子　三尾正子

□ 本文デザイン　細山田デザイン事務所（細山田光宣　南 彩乃　室田 潤）

□ 本文イラスト　ユア

□ DTP　㈱明友社

□ 図版作成　㈱明友社

シグマベスト
定期テスト
超直前でも平均＋10点ワーク
中学地理

本書の内容を無断で複写（コピー）・複製・転載することを禁じます。また，私的使用であっても，第三者に依頼して電子的に複製すること（スキャンやデジタル化等）は，著作権法上，認められていません。

© BUN-EIDO　2024　　　　Printed in Japan

編　者　文英堂編集部

発行者　益井英郎

印刷所　株式会社加藤文明社

発行所　株式会社文英堂

　〒601-8121　京都市南区上鳥羽大物町28
　〒162-0832　東京都新宿区岩戸町17
　（代表）03-3269-4231

●落丁・乱丁はおとりかえします。

定期テスト超直前でも 平均+10点 ワーク

【解答と解説】

中学 地理

1章

世界と日本の姿

❶ 地球の姿と世界の国々

✔ 基本をチェック

❶ アジア　❷ 大西洋
❸ オーストラリア　❹ インド
❺ 北極　❻ 赤道
❼ 180　❽ バチカン市国
❾ 島国[海洋国]　❿ 内陸国

10点アップ！⤴

1 ❶ ①E　②D　③B
　❷ 記号…ウ　大洋…太平洋　❸ ウ
　❹ a　❺ 白夜
2 ❶ ロシア　❷ イ
　❸ 南アメリカ州　❹ ア
　❺ 例 ヨーロッパ州の国々の植民地とされていたころ，緯線や経線をもとに境界線が引かれたから。

📖 解説

1 ❶③ ユーラシアは，「ヨーロッパ」と「アジア」を組み合わせた言葉である。
　❷ ウの太平洋，アの大西洋，イのインド洋の順に広い。
　❸ 緯線と経線が直角に交わる地図では，2地点を結ぶ直線が経線に対して等しい角度になる。

⚠ ミス注意！
・中心からの距離と方位が正しい地図
　…正距方位図法
・面積が正しい地図…モルワイデ図法

　❹ 0度の経線である**本初子午線**は，イギリスの**ロンドン**を基準に定められ，アフリカ大陸の西部を通っている。

2 ❶ ロシアの面積は，2位のカナダの1.7倍もある。
　❷ インドネシアは東南アジアの中で面積・人口とも最大の国である。
　❹ オーストラリアは，かつてイギリスの植民地だった歴史をもつ。そのため，現在も国旗の左上にイギリス国旗を取り入れている。

❷ 日本の姿

✔ 基本をチェック

❶ 択捉島　❷ 沖ノ鳥島
❸ 本初子午線　❹ 15
❺ 日付変更線　❻ 領空
❼ 排他的経済水域　❽ 中国・四国
❾ 関東　❿ 東海

10点アップ！⤴

1 ❶ 陸地…領土　海…領海
　❷ イ　❸ 200 海里
　❹ 極東　❺ 2月4日午後10時
　❻ ウ
2 ❶ A…九州地方　B…近畿地方
　　C…中部地方　D…東北地方
　❷ C　❸ 岡…盛岡市　沢…金沢市

📖 解説

1 ❶ 国の主権がおよぶ**領域**のうち，陸地の部分を**領土**という。領海の範囲は日本の場合，干潮時の海岸線から**12海里**まで。

⚠ ミス注意！
日本の北端…択捉島(北海道)
日本の東端…南鳥島(東京都)
日本の南端…沖ノ鳥島(東京都)
日本の西端…与那国島(沖縄県)

❸ 排他的経済水域では，沿岸国が水産資源や鉱産資源を利用する権利をもつ。

❺ 中国は東西に広大な国土をもつが，標準時を1つに統一している。**時差は標準時子午線が15度ずれるごとに1時間生じる**ので，（135－120）÷15により日本と中国の時差は1時間。午後11時の1時間前の午後10時となる。

❻ 竹島は1905年，国際法にもとづき島根県に編入された。**ア**は**ロシア**に占拠されている日本固有の領土。**イ**は**中国**が領有を主張している日本固有の領土。

2 ❶ A 九州地方は，九州島をはじめとして南西諸島などの多くの島々をふくむ。

B 近畿地方は面積は小さいが，内陸の県が2つある点が特色である。

C 中部地方は，本州の中でも最もふくらんだ部分に位置する。東京と大阪を結びつける働きを果たしてきた。

D 東北地方には面積が大きな県が多い。

❷ **北陸・中央高地・東海**は高い山にへだてられているため，それぞれ独自の文化が育った。なお，東海には，近畿地方の三重県をふくむこともある。

❸ 盛岡市は岩手県の，金沢市は石川県の県庁所在地で，いずれも県名と都市名が異なる。

❸ 世界各地の人々の生活

✔ 基本をチェック

❶ リャマ ❷ カリブー
❸ タイガ ❹ オアシス
❺ 地中海性 ❻ 熱帯雨林 [熱帯林]
❼ シャカ ❽ キリスト
❾ イスラム

1 ❶ エ
❷ ①寒帯 ②乾燥帯 ③熱帯 ④温帯
❸ イ ❹ 遊牧
❺ 記号…エ
理由…**例** 永久凍土がとけて，家屋がゆがまないようにするため。

2 ❶ メッカ ❷ ア
❸ エ

解説

1 ❶ 冷帯（亜寒帯）に広がるマツ・モミなどの針葉樹林を**タイガ**とよぶ。

⚠ **ミス注意！**
・①，②は樹木が育たない気候帯
・③，④と冷帯は樹木が育つ気候帯

❷④ 気温と降水量の特色のちがいによって，**温帯**は3種類に分類される。

❸ **イヌイット**などの先住民は，野生のトナカイ（カリブー）の狩りを行い，肉や毛皮を利用してきた。

❹ 砂漠気候で遊牧される家畜は，らくだ・羊・やぎなどである。

❺ シベリアなどに広がる1年中凍ったままの土を**永久凍土**という。緯度の低い**C**の地域では，湿気を逃し，洪水から家屋を守るため，床を高くつくっている。

2 ❶ 礼拝を行うイスラム教徒のようすである。モスクという寺院だけでなく，学校や仕事場でも，1日5回の礼拝を欠かさずに行う。

❷ **キリスト教**は，紀元前後に生まれた**イエス**の教えにもとづく宗教で，ユダヤ教をもとに生まれた。**イ**はイスラム教，**ウ**は仏教を開いた。

❸ **ヒンドゥー教**は信者の大部分がその宗教を生み出した民族に限られるため，民族宗教とよばれる。

2章

世界の諸地域

❶ アジア州

✔ 基本をチェック

❶ 季節風 [モンスーン]　**❷** NIES

❸ 漢族 [漢民族]　**❹** 畑作

❺ 経済特区　**❻** ASEAN

❼ ベンガルール　**❽** ペルシャ [ペルシア]

❾ レアメタル　**❿** 米

⓫ インドネシア

10点アップ！

1 **❶** ① エ　② ア　**❷** 茶

　　❸ ① 情報通信技術 [ICT]　② 英

　　❹ プランテーション　**❺** ア

2 **❶** ウ　**❷** 石油輸出国機構 [OPEC]

　　❸ イ

📖 解説

1 **❶** ① 中国・インドが上位2位を占め，東南アジアの国々が上位に入る米である。
② 中国・インドが上位2位を占め，欧米の国々が上位に入る小麦である。イ・ウでは農耕はほとんど行われていない。

❷ 中国・インドが上位2位を占め，ケニアやスリランカが上位に入ることから茶である。

❸ かつてイギリスの植民地とされていたインドでは，英語が普及していることに加え，理系の教育が重視されている。

❺ 機械類が輸出品の中心で，天然ゴムからつくられるゴム製品も上位に入っていることから，天然ゴムの最大の生産国であるタイとわかる。イは石炭（1位），ウはダイヤモンド（3位），エは衣類（2位）な

どが上位品目となる（2021年）。

2 **❶** ペルシャ湾から，日本へ石油を輸出するタンカーが出航している。

> ⚠ ミス注意！
>
> ・ペルシャ湾に面する国々…サウジアラビア・クウェート・イラクなど

❸ レアメタル（希少金属）は，電子部品や燃料電池などのハイテク産業に欠かせない原料で，近年は中央アジアの生産量が急増している。

❷ ヨーロッパ州

✔ 基本をチェック

❶ フィヨルド　**❷** アルプス

❸ ゲルマン　**❹** 混合農業

❺ 北海　**❻** 航空機

❼ パスポート　**❽** ユーロ

❾ 酸性雨　**❿** イギリス

10点アップ！

1 **❶** d　**❷** キリスト教

　　❸ ① ウ　② ア　**❹** イ

2 **❶** エ

　　❷ 例 古くからの加盟国は所得が高く，新しい加盟国は所得が低い。

　　❸ イ

📖 解説

1 **❶** 暖流の北大西洋海流と，その上を西からふく偏西風により，温暖な気候がもたらされる。

❸ ① 夏は乾燥して暑く，冬は雨が多く暖かい気候を利用した地中海式農業である。
② 混合農業はアルプス山脈より北側でさかん。

❹ EUでは国境をこえた技術協力が行われている。EU加盟4か国が共同で経営している航空機製造会社もある。

②❶ EUは言語や宗教を統一することを目標
としていない。経済的・政治的な統合を
進めることで，アメリカなどの大国に対
抗することが目的である。

❷ 国民総所得はドイツ・フランスなど古く
からのEU加盟国では高いが，東ヨーロッ
パの新しい加盟国では低く，最大で10
倍近くの差がある。

> **⚠ミス注意！**
> ・EU(旧EC)の原加盟国…フランス，ド
> イツ，イタリア，オランダ，ベルギー，
> ルクセンブルク
> ・2000年代以降の加盟国…ポーランド
> など東ヨーロッパの国々

❸ 経済水準の高い加盟国が経済水準の低い
加盟国を援助しなければならないこと，
急増する難民を受け入れなければならな
いことなどに反発し，イギリス国民はEU
からの離脱を選択した。

❸アフリカ州

✔ 基本をチェック

❶ サハラ **❷** 植民地
❸ アパルトヘイト **❹** プランテーション
❺ レアメタル **❻** モノカルチャー
❼ スラム **❽** カカオ
❾ ダイヤモンド

10点アップ！↗

❶❶ ナイル川 **❷** イスラム教
❸ イ
❷❶ A…ウ B…イ **❷** イ
❸ ア **❹** 南アフリカ共和国
❺ エ

📖 解説

❶❶ ナイル川沿岸は水が得やすく，都市や耕
地が広がっている。

❷ 一方でサハラ砂漠の南側では，キリスト
教や伝統的な宗教が信仰されている。

❸ おもに緯線や経線を基準に引かれた直線
の国境を示している。これらは民族の分
布を無視して引かれたため，アフリカ州
各地で地域紛争が多発するようになった。

②❶ A 温暖で比較的水の得やすいナイル川
流域に分布するので，綿花とわかる。
B 地中海沿岸に分布するので，夏の乾
燥して気温の高い気候に適したぶどう。

❷ アはコーヒー，ウは茶。

> **⚠ミス注意！**
> ・カカオ…熱帯雨林気候(ギニア湾岸)
> ・コーヒー…サバナ気候(東部の高原)

❸ レアメタルのコバルトと，ダイヤモンド
の生産量がともに世界有数の国は，コン
ゴ民主共和国である。イのケニアと同じ
く赤道が通っている。

❹ プラチナは白金ともよばれ，装飾品のほ
か燃料電池などの材料としても利用され
ている。南アフリカ共和国では1990年
代初めまで，少数の白人による有色人種
に対する差別的な支配が続いていた。

❺ アフリカでは都市部と農村部の経済格差
を背景に，都市部へ移り住む人が急増し，
都市人口割合が非常に高くなっている。
スラムではごみの増加や犯罪の発生な
ど，劣悪な居住環境が問題となっている。

❹北アメリカ州

✔ 基本をチェック

❶ ロッキー **❷** フランス
❸ USMCA **❹** 適地適作
❺ メキシコ **❻** サンベルト
❼ シリコンバレー **❽** アフリカ
❾ ニューヨーク **❿** 多国籍
⓫ ヒスパニック

左段

┌─────────────────────
│ 10点アップ！
└─────────────────────

1・**1**①エ ②イ

2 A…イ，オ B…ウ

3 C…ア D…エ **4** 小麦

5 例 気候や土壌などの自然条件に合わせた農業。

2・**1** ヨーロッパ **2** ア

3 ファストフード

┌─────────────────────
│ 解説
└─────────────────────

1・**1**① アメリカは西経100度線をほぼ境に，西側は乾燥した地域，東側は湿潤な地域となっている。

② アメリカの北緯37度線より南側は，日照時間が長く温暖なサンベルトとよばれる地域。この地域は土地が安く労働力が豊富なことから，ハイテク（先端技術）産業が進出した。

2 いずれもかつて植民地支配を受けた国の言語である。

3 C 五大湖の西側に多いことから鉄鉱石と判断する。

┌─────────────────────
│ ⚠ ミス注意！
└─────────────────────

・小麦輸出国…アメリカ，欧米諸国

・大豆輸出国…アメリカのほか南アメリカ諸国

5 それぞれの土地の地形や気候に適した，最も収益が上がる農作物を集中的に栽培する，合理的な方法である。

2・**1** 北アメリカ州では，15世紀末以降にヨーロッパからの移民が先住民の土地をうばい，開拓を進めていった。現在もヨーロッパ系はアメリカの人口の約3分の2を占めている。

2 ヒスパニックの人口は，イのアフリカ系を上回るようになった。

右段

┌─────────────────────
│ ❺ 南アメリカ州
└─────────────────────

┌─────────────────────
│ ✔ 基本をチェック
└─────────────────────

1 パンパ **2** メスチソ[メスチーソ]

3 日系人 **4** ポルトガル

5 焼畑 **6** さとうきび

7 アマゾン **8** スラム

9 銅 **10** 鉄鉱石

┌─────────────────────
│ 10点アップ！
└─────────────────────

1・**1** A…エ C…ア

2 国…ボリビア 混血…メスチソ

3 X…エ Y…イ

4①エ ②ウ

2・**1** セルバ **2** 持続可能

3 ペルー

┌─────────────────────
│ 解説
└─────────────────────

1・**1** A スペイン語は南アメリカ州の旧スペイン領に分布している。Bはフランス語，Dはオランダ語。

C ポルトガル語を公用語とする国はブラジルだけだが，この国は南アメリカ州の半分近い面積を占めている。

2 先住民は ▨ で表されている。ボリビアの55％が最大である。アンデス山脈の中北部で先住民の人口割合が高いことがわかる。南アメリカ州では，先住民とヨーロッパ系の文化が交じり合っている。

3 X 鉄鉱石・大豆・肉類といった一次産品（加工されていない農産物や資源のこと）のほか，機械類の輸出も多いことから，ブラジルである。

Y 銅が輸出品の多くを占めていることから，チリである。

4① ブラジルはアメリカと並ぶバイオ燃料の生産国である。

② アルゼンチンの国土の中央部に広がる広大な草原を**パンパ**という。小麦栽培のほか，大規模な牧場で牧畜が行われている。

2 ❷環境破壊をともなう開発によって，将来の世代が困らないよう，資源を有効に活用する取り組みがさかんになってきている。

❸ペルーには**アンデス山脈**がそびえるが，首都は太平洋側の低地に位置するリマである。

🔲 **6 オセアニア州**

❶ミクロネシア　　❷火山島
❸さんご礁　　　　❹マオリ
❺白豪主義　　　　❻羊
❼露天　　　　　　❽日本
❾鉄鉱石　　　　　❿小麦

📈 **10点アップ！**

1 ❶A…イ　B…ア　C…ウ
❷アボリジニ
❸オーストラリア…ウ
　ニュージーランド…ア
2 ❶A
❷例 かつてイギリスの植民地とされ，独立を果たした後も結びつきが強かったから。
❸エ　　❹多文化主義

📖 **解説** -

1 ❶A さとうきびは，北東部の沿岸にひろがるサバナ地域で栽培されている。
　B 羊は東部と西部の半乾燥地域で飼育されている。東部の大鑽井盆地では，**掘りぬき井戸**によって羊の飲み水を確保している。

　C 牛の飼育地域は，東部から北部にかけて広がっている。
❷イギリス人の移住にともない，アボリジニの人口は激減していった。
❸**イ**はタイ，**エ**はブラジル。

⚠️ **ミス注意！**

・オーストラリアの輸出品…鉱産資源
・ニュージーランドの輸出品…酪農品

2 ❶A は1960年，B は2017年の貿易相手国。イギリスがEC（ヨーロッパ共同体）に加盟してヨーロッパ諸国との結びつきを強めていった1970年代以降は，オーストラリアは太平洋周辺諸国との関係を強めていった。
❷オーストラリアはかつてイギリスの植民地とされていたため，独立後もイギリスが主要な貿易相手だった。
❸白豪主義が廃止されると，アジア州との貿易もさかんになった。

3章
日本のさまざまな地域

❶ 身近な地域の調査

✔ 基本をチェック

❶警察署　　❷北
❸2万5千　❹100
❺谷　　　　❻土地
❼階級　　　❽仮説
❾野外

10点アップ！

1❶ウ　❷エ
　❸ア
　❹B…交番[駐在所]　C…郵便局
2❶①ウ　②ア
　❷例 土地利用や交通の変化。
　❸口頭発表

📖 解説 ----------------------

1❶ア 発電所なら地図記号 ✿ が見られるはずである。イ 牧草地は畑と同じ ∨∨ の地図記号で表される。エ 標高から内陸の丘陵地だと推測される。塩田は臨海部につくられる。
❷この地域には，荒地を示す ‖ が広がっていた。アは □，イは ∴，ウは ○ で表される。
❸アには標高60mの等高線，イには標高87mの標高点，ウには標高75mの等高線が見られる。いちばん低いのはアである。
❹B 警棒が交差した形を表している。警察署とまちがえないこと。
　C 郵便ポストのマークに似た地図記号である。

2❶① 野外調査には，野外観察や聞き取り調査などの方法がある。野外観察だけではわからないことを，地域の人々に直接たずねる方法が聞き取り調査である。調査前にあらかじめ取材先に予定を確認しておくこと，質問事項をノートにまとめておくことが大切である。
　② 実際に地域を歩いて観察する調査である。あらかじめ調査計画書をつくり，観察したい道をルートマップにまとめておく必要がある。
❷古い地形図と現在の地形図を比べることによって，自然環境や土地利用の変化を読み取ることができる。空中写真もあわせて比較するとよい。古い地形図は国土地理院のホームページから申し込んだり，関東地方測量部で申請したりすることで，コピーが入手できる。
❸口頭発表はクラスのみんなの前で，直接言葉を発しながら発表する方法である。

❷ 日本の自然環境の特色

✔ 基本をチェック

❶環太平洋　　　　❷リアス
❸扇状地　　　　　❹三角州
❺季節風[モンスーン]❻台風
❼冷害　　　　　　❽ハザードマップ
❾瀬戸内　　　　　❿北海道

10点アップ！

1❶記号… A
　造山帯…アルプス＝ヒマラヤ
　❷イ　　❸例 短くて流れが急である。
　❹三角州
2❶①C　②E
　❷風…季節風[モンスーン]　向き…ア
　❸阪神・淡路大震災

1 **①** アルプス=ヒマラヤ造山帯にはアジア州のヒマラヤ山脈，ヨーロッパ州のアルプス山脈などがふくまれる。**Bは環太平洋造山帯。**

② 活動が活発な地域である，A・Bにふくまれるものを選ぶ。安定した大陸では，地震や火山活動が少ない。東ヨーロッパ平原やウラル山脈，アパラチア山脈がこの安定した大陸にふくまれる。

③ 信濃川などの日本の河川は，高い標高から海まで，短い距離を急な角度で流れていることがわかる。一方で，アマゾン川などは長い距離をゆるやかに流れている。

④ 三角州は水を得やすいため，耕地に利用されてきた。都市がつくられることも多いが，洪水に見まわれやすい。

⚠ **ミス注意！**
・扇状地…川が山地から平地に流れ出るところに，土砂が積もってできるゆるやかな斜面。
・三角州…川が海や湖に流れこむところに，土砂が積もってできる平地。

2 **①** 本州の中央部にそびえる山脈や山地を境に，①の太平洋側と②の日本海側では気温や降水量にちがいが見られる。太平洋側では冬は乾燥した晴れの日が多く，雪はほとんど降らない。日本海側は世界有数の豪雪地帯である。

② 北西からふく冷たく湿った季節風が，暖流の対馬海流から多くの水蒸気をふくみ，日本海側の山地にあたって多くの雪を降らせる。イは太平洋側に多くの雨をもたらす夏の南東からの季節風。

③ 阪神・淡路大震災の際の地震は，プレートの浅いところで岩盤がずれて発生した，内陸直下型の地震で，最大で震度7を記録した。

---

③日本の人口，資源・エネルギー

✔ **基本をチェック**

① つぼ　　　　　　　**②** 人口爆発
③ 少子化　　　　　　**④** 過疎
⑤ ペルシャ[ペルシア]　**⑥** 鉄鉱石
⑦ レアメタル
⑧ 再生可能エネルギー　**⑨** 原子力
⑩ 石炭　　　　　　　**⑪** 火力

10点アップ！

1 **①** A…ウ　B…ア　C…イ
　　② C→B→A　　**③** エ
　　④ A
2 **①** A…イ　B…ウ　C…ア
　　化石燃料…A，C
　　② ケ　　**③** 原子力発電

1 **①** A 65歳以上の老年人口が最も厚みがあり，年齢が下がるにつれ人口割合が低くなっていく**つぼ型**の人口ピラミッドである。

B 15〜64歳の生産年齢人口が多く，経済発展に有利な**つりがね型**である。

C 14歳以下の年少人口の割合が高い**富士山型**である。つぼ型とは逆に生産年齢人口が子どもを養う負担が大きくなる。

② 発展途上国の人口ピラミッドは富士山型を示す。経済発展にともなって出生率や死亡率が変化し，先進国の人口ピラミッドはつりがね型やつぼ型を示す。

③ 先進国は工業が発展し経済的に豊かな国で，ヨーロッパ州や北アメリカ州に多く見られる。

④ 過疎の農村部では若い人が都市部へ移り住み，極端な高齢化が進んでいる。

2 ❶ A 石炭は中国東北部やオーストラリア東部に見られる。

B 鉄鉱石はオーストラリア西部や五大湖西部に見られる。

C 石油はペルシャ湾やメキシコ湾に多い。産地がかたよっている点が特色である。

❸ 原子力発電は**ウラン**を燃料とする核分裂で生まれた熱で蒸気を発生させ，タービンを回して発電する。

⚠️ミス注意!

日本のエネルギー政策

・水資源にめぐまれ，かつては水力発電が中心→電力需要が増加し，高度経済成長のころから火力・原子力の割合を高めた。

・東日本大震災→約4分の1を占めていた原子力発電が運転を停止→火力発電の割合が増加。

❹ 日本の産業と各地の結びつき

✔ 基本をチェック

❶ 食料自給　　　　❷ 園芸
❸ 養殖　　　　　　❹ 沖合漁業
❺ 空洞　　　　　　❻ 商業
❼ 第一次産業　　　❽ 第二次産業
❾ 成田　　　　　　❿ 鉄道
⓫ 太平洋ベルト

10点アップ!↗

1 ❶ A…イ　D…エ
❷ 例 林業従事者が減少し，高齢化が進んでいたから。
❸ ウ　　**❹** 加工貿易
2 ❶ ① B　② C
❷ 自動車　**❸** 光ファイバーケーブル

📖解説 -

1 ❶ 1970年代に**排他的経済水域**が設定されると，自由に漁ができない海域が増えたため，Aの沖合漁業がBの遠洋漁業をぬいて漁獲量1位となった。1990年代には漁業の規模の縮小や，「つくり育てる漁業」への転換が原因で遠洋漁業はCの沿岸漁業やDの海面養殖業にもぬかれた。海面養殖業はいけすなどで魚介類を育ててとる漁業のこと。

❷ 外国産の低価格の木材の増加などの影響で，国内の林業の就業人口は減り，高齢化が進んだ。

❸ 九州地方では鹿児島県や宮崎県で豚や肉牛の飼育がさかん。北海道では乳牛や肉牛の飼育がさかんである。

❹ 近年は日本企業が外国で生産して輸入する製品輸入が増えたこと，アジア諸国の工業製品が輸入されるようになったことから，加工貿易の形はくずれてきている。

2 ❶ ① コンテナ船やタンカーを使った海上輸送である。

⚠️ミス注意!

・航空貨物…軽量で値段の高い工業製品や，鮮度が重要な食料品

・海上貨物…重くかさばる原材料や工業製品

❷ 貨物輸送ではトラックなどによる自動車輸送の割合が高まっている。トラックターミナルは，荷物をのせたり積みかえたりする基地で，おもに高速道路のインターチェンジ付近におかれている。

❸ 光ファイバーケーブルは，情報を高速で大量に送信することができる。

4 章

日本の諸地域

❶九州地方

✔ 基本をチェック

❶屋久島　❷マングローブ
❸カルデラ　❹アジア
❺シラス（台地）　❻促成栽培
❼IC　❽持続可能
❾環境モデル　❿豚
⓫金属

10点アップ！

1❶有明海　❷ア
　❸記号…b　県名…福岡県
2❶北九州市　❷イ
　❸高速道路　❹ア，エ
　❺B…ウ　C…ア

📖 解説

1❶有明海では潮の満ち引きが大きいため，日本最大の干潟が発達している。沿岸ではのりの養殖などが行われている。
❷長崎県の雲仙岳では，1991年の噴火で噴出物が高温のまま速いスピードで流れ下り（火砕流），大きな被害をもたらした。イは阿蘇山，ウは霧島山，エは桜島。
❸福岡県の博多港と韓国の釜山との間に，定期船が通っている。
2❶北九州市（明治時代当時は八幡村）は，鉄鉱石の輸入先である中国に近いこと，福岡県の筑豊炭田で生産される石炭を利用できたことから，官営の八幡製鉄所がつくられた。
❷九州北部は中国などへの輸出に有利なため，宮若市や苅田町に自動車工場が進出。

製鉄業のおとろえにともない，福岡県の工業の中心は金属から機械へと転換した。
❸1960年代から，九州地方では交通の便がよい高速道路沿いなどにIC工場が進出した。

⚠ ミス注意！

九州地方の工業の変化
・製鉄業…1960年代のエネルギー革命，他の工業地帯の成長でおとろえた。
・機械工業…IC，自動車の進出で生産額割合が急増。

❹鹿児島県から宮崎県にかけて広がるシラス台地を示している。シラスは火山の噴出物が積もってできた地層で，土壌がやせて水もちが悪いため，稲作には適していない。このため，少ない水で育つさつまいもの栽培がさかんになり，かんがい施設の整備にともなって茶の栽培，飼料用作物の栽培と合わせた畜産も行われるようになった。
❺B　1950〜60年代にかけて水俣病が発生した水俣市である。化学工場から出された廃水にふくまれたメチル水銀が魚に蓄積し，その魚を食べた人々に被害をもたらした。その後，汚染された泥が取り除かれ，漁業も再開された。
C　沖縄島である。リゾート施設の建設で赤土が海に流れこみ，日光をさえぎったことでさんご礁に被害が生じた。

❷中国・四国地方

✔ 基本をチェック

❶中国山地　❷四国山地
❸ため池　❹促成栽培
❺みかん　❻瀬戸内
❼倉敷　❽化学
❾原子爆弾　❿過疎
⓫瀬戸大橋

10点アップ！↗

1❶①ウ　②イ
　　③オ　④エ
❷（石油化学）コンビナート
❸①b　②d
2❶イ　❷b
❸四国地方　❹X
❺エ

📖解説 -------------------------

1❶① 海水を濃縮し，日干しにして塩をつくるところを**塩田**という。降水量が少なく晴れの日が多い瀬戸内の気候に適していた。

② 鳥取砂丘では，水がしみこみやすい土地でも農業ができるよう，かんがい施設や防砂林の整備が進められた。

③ 南東の**季節風**と暖流の**黒潮**（**日本海流**）の影響で，冬でも温暖な気候を利用して，高知平野で促成栽培が発達した。

④ 愛媛県西部の日あたりのよい斜面の畑で，みかんが栽培されている。

❷関連する工場はパイプラインで結ばれ，原料や製品をやりとりして効率よく生産している。

⚠ミス注意！

瀬戸内工業地域の特色
・おもな工業都市…広島市（自動車），福山市（鉄鋼），今治市（造船），倉敷市・周南市・新居浜市（石油化学）
・中心となる工業…化学工業

❸瀬戸内海は波が静かなため，さまざまな養殖漁業が行われている。また，全国に先がけて**栽培漁業**も発達した。

2❶広島市の人口は**100**万人をこえ，国の出先機関や企業の支社などが集まっている。

❷本州四国連絡橋のうち，岡山県倉敷市と香川県坂出市を結ぶ児島－坂出ルートを**瀬戸大橋**という。

❸本州側の方が四国より商業などが活発なため，四国から本州への移動が増えた。

❹Wは浜田自動車道，Yは山陽自動車道，Zは高知自動車道を示す。中国自動車道の開通で，中国山地の山間部の盆地に工業団地がつくられた。

❺人口がいちじるしく減少している過疎の市町村を示している。エは過密地域や工業地域で発生しやすい。

❸ 近畿地方

✔ 基本をチェック

❶紀伊山地　❷若狭
❸阪神　❹中小
❺伝統的　❻卸売
❼近郊　❽神戸市
❾京都　❿琵琶
⓫金属

10点アップ！↗

1❶ウ　❷イ
❸機械…d　金属…c
❹卸売業　❺例 中小工場が多い。
2❶ニュータウン　❷私鉄
❸①大阪［京阪神］　②琵琶
❹町家［京町家］

📖解説 -------------------------

1❶夏の降水量が多くなる太平洋側の気候である。**ウ**の潮岬のあたりは，日本でも特に年降水量が多い地域となっている。

❷紀伊山地は人工林が多いのが特色。室町時代からすぎの人工植林が行われてきた。

❸機械工業は淀川流域の大阪府内陸部の門真市などで発達している。金属工業は大阪湾岸の尼崎市・姫路市などに分布する。

❹小売店に商品をおろす商業を卸売業という。Bの大阪市にはせんい・がん具など

の商品ごとに問屋街が成立している。

⑤Cの東大阪市では古くから金属加工業が発達し，中小工場であっても世界有数の高い技術力をもつ工場が見られる。

2 ①大阪市の中心部の過密を解消するため，千里・泉北などにニュータウンがつくられた。しかし，建設から半世紀がたち，各地のニュータウンでは建物の老朽化や住民の高齢化が問題となっている。

②大阪や東京の大都市圏では，私鉄の沿線で住宅開発が進められた。

③② 琵琶湖は古くから，瀬戸内海から中部地方へぬける水上交通路として利用されてきた。現在の琵琶湖は，滋賀県・京都府・大阪府など広い地域に飲料水や工業用水を供給している。

⚠️ **ミス注意！**

琵琶湖の水質改善
・生活排水の規制(リンをふくむ合成洗剤の使用禁止。下水道の整備)
・工場廃水の規制
・湿地の保護(ヨシ群落の復元)

④Cの京都市の町家は，間口がせまく奥行きが深いという特色をもつ。建物を保存するため，宿泊施設や喫茶店に改装される町家も見られる。最近では，財政を改善させるため建物の規制を緩和する動きも見られる。

④中部地方

✔️ **基本をチェック**
❶越後平野　　❷日本アルプス
❸濃尾　　　　❹豊田
❺東海　　　　❻鯖江
❼輪島　　　　❽施設
❾抑制　　　　❿水田
⓫東海道　　　⓬茶

📈 **10点アップ！**

1 ❶信濃川　❷ア
❸輪中
2 ❶A…イ　B…オ　C…カ
　　D…ウ　E…ア
❷県…イ　時期…ウ
❸名古屋市　❹エ

📖 **解説** ----------------

1 ❶信濃川はBの中央高地から源を発し，Aの北陸で日本海に注ぐ。

⚠️ **ミス注意！**
・日本海に注ぐ川…信濃川・阿賀野川・黒部川
・太平洋に注ぐ川…木曽川・長良川・揖斐川・天竜川・富士川

❷中央高地の気候は，比較的降水量が少なく，夏と冬，昼と夜の気温差が大きい内陸性の気候である。イは東海，ウは北陸の特色。

❸堤防が集落を輪のように取り囲んだため，輪中とよばれる。愛知県・岐阜県・三重県にまたがる地域で現在も輪中は残っている。

2 ❶A 伝統的工芸品の輪島塗がつくられている輪島市。
B 刃物や金属食器がつくられている三条市。
C 第二次世界大戦のころから発達した時計やカメラの精密機械工業を基礎として，電子機器の生産がさかんになった諏訪市。
D 1930年代から自動車生産が始まり，自動車会社名にちなんで市名を変更した豊田市。
E 富士山の水資源を利用してパルプ・製紙工業が発達した富士市。
❷野辺山原などで高原野菜としてレタスが生産されている長野県が，全国一のレタ

ス生産県となっている。標高が高い地域では，すずしい気候を生かして夏に出荷される一方，産地が平地の茨城県などでは，秋から春にかけて出荷される。

❸名古屋市は**名古屋大都市圏**の中心であり，東海道新幹線や東名高速道路，中央自動車道などとアクセスできる。

❹上高地には山岳地帯の雄大な景色を求めて，夏に多く観光客が訪れる。自動車の排出ガスによる環境破壊を防ぐため，自家用車の乗り入れを規制し，ふもとの駐車場から低公害のバスで観光客を運んでいる。

❺ 関東地方

10点アップ！

❶❶利根川　　❷関東ローム
　❸ア　　❹ウ
　❺工業団地
❷❶ニュータウン　　❷エ
　❸例 多くの人々が中心部へ通勤（・通学）しているから。
　❹空港…**成田国際空港**　輸出品…**イ**

📖 解説

❶❶利根川下流には湖や沼が多い低地が広がり，**水郷**とよばれる。
❷関東ロームは富士山・浅間山などの火山灰が厚く積もってできた赤土で，野菜などの畑作に適している。

❸保冷車やフェリーの発達によって，大消費地から遠い地域でも園芸農業が行われるようになった。このような農業を**輸送園芸農業**という。群馬県の嬬恋村ではキャベツを**高原野菜**として栽培している。

❹京葉工業地域は，全国の工業地帯・地域の中で化学工業の割合が最も高い。**ア**は金属，**イ**は機械，**エ**は食料品。

❺**工業団地**は輸送の便のよい高速道路沿いにつくられている。また，似た業種の工場が集められることが多い。

❷❶**ニュータウン**は東京都の多摩市や八王子市などに分布している。近畿地方と同様に，高度経済成長のころ，鉄道の沿線を中心に宅地化が進んだ。

❷茨城県の筑波研究学園都市には，国や民間の研究施設が集まっている。**ア**はみなとみらい21，**イ**はさいたま新都心，**ウ**は幕張新都心。

❸東京都の都心で働く人々の多くは，周辺地域から通勤している。特に千代田区では昼間人口が夜間人口の約17倍にもなる。

❹成田国際空港は日本の港・空港の中で貿易額が最大。**航空機は高速だがあまり大きなものは運べず，運賃も高い。**そのためIC（集積回路）などの小型で値段の高い工業製品，魚介類・生花など鮮度の求められる価格の高い農水産物が輸送される。

⚠ ミス注意！

・成田国際空港のおもな輸出品…IC（集積回路）などの電子部品
・横浜港のおもな輸出品…自動車

14

✔ 基本をチェック

- ❶奥羽山脈
- ❷やませ
- ❸東日本
- ❹津波
- ❺原子力
- ❻銘柄米
- ❼もも
- ❽潮目[潮境]
- ❾津軽
- ❿ねぶた
- ⓫りんご

10点アップ！↗

1. ❶伝統的工芸品　❷木材[森林]
   ❸イ
   ❹高速道路…**東北自動車道**　工場…**ア**
   ❺リアス海岸
   ❻**例** 石碑のある高さまで，津波により浸水する可能性があること。
2. ❶① D　② A
   ❷南部曲家

📖 解説 - - - - - - - - - - - - - - - -

1. ❶伝統的工芸品は高度な技術を身につけた職人によってつくられる。同じ製品でも産地によって会津塗，津軽塗などとよび名が異なり，作風もちがっている。
   ❷木材を板材に加工したり，彫ったりしてつくられる。東北地方には奥羽山脈・北上高地・出羽山地が広がり，森林資源にめぐまれている。
   ❸寒流の親潮（千島海流）の上をふいてくる北東風である。初夏にやませがふく日が長いと，気温が低くなり，日照時間が短くなる。
   ❹1980年代に開通した東北自動車道である。沿線に**工業団地**がつくられ，京浜工業地帯などから機械工業の工場が移転してくるようになった。
   ❺Aは三陸海岸の南部。のこぎりの刃のように入り組んだリアス海岸が見られ，波

のおだやかな入り江では養殖漁業が行われている。
   ❻石碑のある場所は，明治・昭和時代に津波がおしよせた最も高い位置（標高約60m）を示している。宮古市姉吉地区の人々はこの警告を守り続け，**東日本大震災**の津波でも建物の被害がなかった。

2. ❶① 東北三大祭りは，いずれも8月に開かれる。山形市の花笠まつりを加えて「東北四大祭り」とされる場合もある。

⚠ ミス注意！

- ・青森県…青森ねぶた祭
- ・宮城県…仙台七夕まつり
- ・秋田県…秋田竿燈まつり
- ・山形県…山形花笠まつり

② **ユネスコ**（国連教育科学文化機関）は国際連合の専門機関。未来へ引きつぐべき人類共通の財産として**世界遺産**を登録している機関である。世界遺産が建築物などの文化遺産を登録しているのに対して，**無形文化遺産**は祭礼や音楽，伝承などを対象としている。なお，ユネスコの無形文化遺産と同じような無形の文化財を対象として，日本の政府が重要無形民俗文化財の指定を行っている。
   ❷南部は岩手県北部の古い地域名。南部では古くから農耕用・軍用のための馬の飼育がさかんだった。曲家は居間からも馬屋を見通せるようになっている。

✔ 基本をチェック

- ❶オホーツク
- ❷濃霧
- ❸流氷
- ❹アイヌ
- ❺石狩
- ❻輪作
- ❼酪農
- ❽栽培
- ❾札幌
- ❿エコツーリズム
- ⓫じゃがいも

1 **①**ア，ウ　　**②**ウ

　　③イ

2 **①**A…十勝平野　B…根釧台地

　　②イ

　　③例 広大な土地を生かした大規模な生産
　　が行われている。

　　④ウ　　**⑤**エ

📖解説 - - - - - - - - - - - - - - - - - -

1 **①**北海道南東部に分布していることから考
える。夏の南東からの湿った季節風が，
寒流の親潮（千島海流）によって冷やさ
れ，濃い霧が発生する。梅雨は北海道に
は見られない。

> **⚠ミス注意！**
> 北海道独特の自然現象や気候
> ・流氷　・濃霧　・梅雨がない

②北海道西部に分布していることから考え
る。**ア** 日本海側は北西からの季節風の
影響で雪が多く，冬に晴天の日は少なく
なる。**イ** 北海道の全域が，1年の最深
積雪量が20cm以上の地域である。
エ 札幌・旭川・函館市といった大都市
が位置するため，人口密度が低い地域で
はない。

③有珠山は洞爺湖の南側に位置する。**ア**は
駒ケ岳，**ウ**は十勝岳，**エ**は雌阿寒岳。

2 **①**A **十勝平野**には十勝川が流れ，帯広市
が位置する。
　B **根室**と**釧路**を合わせた地名である。
十勝平野とともに，夏のすずしい気候を
利用した**酪農**がさかんである。

②乳牛を飼育して生乳などを生産する**酪農**
が行われている。北海道の乳牛飼育頭数
は全国一。

③北海道以外の都府県では耕地面積が
5ha未満の農家が約45%を占めるのに

対して，北海道では5ha以上の農家が
約99%を占めている。農家1戸あたりの
耕地が広大なため，大規模な生産が行わ
れていると考えられる。北海道では明治
時代の開拓で，アメリカの大規模農業が
取り入れられた。

④釧路・根室の数値が大きいことから判断
する。いずれも北洋漁業の基地として発
展した漁港であり，現在も漁業と水産加
工業がさかんである。**ア**・**イ**では札幌な
どの都市部が大きな数値を示す。

⑤国後島に面した半島部が**知床**である。知
床はアイヌ語で「大地の先」などを意味
し，絶滅危惧種の動物が数多く生息する。
ユネスコの世界自然遺産にも登録されて
いる。